評伝 大野伴睦

自民党を作った大衆政治家

大野つや子・大野泰正［監修］
丹羽文生［著］

並木書房

監修者のことば

「思いやり」の心を持って

元参議院議員　大野つや子

義父・大野伴睦が逝去してから半世紀以上もの歳月が流れましたが、私は何年経っても、あの人情味溢れる優しく穏やかな表情を忘れることはありません。

私が大野伴睦の四男・明と結婚したのは一九五六（昭和三一）年一一月のことでした。父は政治家として多忙な毎日を送りながらも、家庭を大事にし、私たち嫁にも優しく大切に接してくれました。

義母は若い頃、随分と苦労したようですが、晩年の父は、そんな母を労わり、よく旅行に連れて行っていました。父は私が作る甘辛く炊いた枝豆が大好きで、お酒を飲みながら美味しそうに食べていた姿が思い出されます。

政治家としての父は保守合同をはじめ、数々の大業を成し遂げましたが、唯一、心残りだったのが「日本横断運河」建設でした。本書でも詳しく触れられていますが、伊勢湾から琵琶湖を経由して敦賀湾まで巨大な運河を通し、日本海と太平洋を結ぶという壮大な計画で、晩年は政治生命をかけて、この大構想を実現させようと意気込んでいました。

父が亡くなったのは一九六四（昭和三九）年五月二九日のことでした。その前日、病床で私に「お父ちゃんにはまだやらなきゃいけないことがあるんだ。日本横断運河を作りたい。だから寝てなんかいられないんだ」と言っていました。今となっては荒唐無稽に感じるかもしれません。しかし、それだけスケールの大きい豪快な政治家だったということは、皆様にもお分かりいただけるのではないかと思います。

「義理と人情とやせがまん」という言葉を好んだ父は文字通り浪花節的な政治家でしたが、「思いやり」を大事にした政治家だったともいえましょう。父の後を継いで政治家となった主人も、この「思いやり」を自らの信念とし、よく「何事も常に相手の立場に立った物の考え方こそが大切であり、これが政治の原点である」と申しておりました。

本書には、目の前で困っている人、苦しんでいる人に対して「思いやり」の心を持って接し

富士箱根伊豆国立公園で撮影したスナップ写真。後列左から大野、次男の妻・光子、泰正、つや子、四男・明、前列左２人目から妻・君子、泰正の兄・晃睦、つや子の妹・植松町子（大野泰正事務所提供）

てきた父の微笑ましいエピソードが数多く記されております。本書をお読みいただき、たくさんの方々が父に思いを寄せて下さり、心の中に何か温かなものを感じていただければ、父にとりましても、私たち親族にとりましても、大変幸せなことで、本書を世に出していただいた意義は十二分に達せられたと思います。

最後に、父の真骨頂を余すところなく描いて下さった著者・丹羽文生先生に、心からの敬意を表し、深く感謝申し上げます。ありがとうございました。

あるべき人間社会とは何か

参議院議員　大野　泰正

祖父が泉下に没したのは、私が五歳の時でした。そのため、思い出といっても、入院中の祖父を見舞いに行ったことぐらいしか記憶にありません。しかし、のちに祖父の後援会をはじめ、地元の皆様から祖父に関するさまざまなエピソードを聞いているうちに、自然と、その偉大さに思いを致すようになりました。

二〇二〇（令和二）年七月のことでした。当選同期の盟友である参議院議員・高橋克法先生から、祖父の研究に取り組み、評伝を執筆しているという丹羽文生先生をご紹介いただきました。

本人の著書を含め、祖父の歩みを綴った伝記風の著作・雑誌記事は、少なからず存在します。しかし祖父は生前、故意の誹謗中傷、誤解に対しても、何の反論も弁解もしなかったため、実際とは異なる単なる憶測が、人口に膾炙《かいしゃ》されているものも多く、いずれは、これらを整理し直し、真実を記録しておく必要があると考えてはいました。

ですが、そう簡単なことではありません。自分一人で成し遂げるには限界があります。丹羽先生との出会いは、まさに僥倖でした。何度もお会いしているうちに、「爺さんは、丹羽先生に研究していただいていることを心底喜んでいる」と確信し、祖父の優しい笑顔が浮かんできました。ご縁を作って下さった高橋先生には感謝の思いでいっぱいです。

一九九〇（平成二）年二月、祖父の後継である父・明が運輸大臣に就任したのにともない、私は秘書官となり、退任後も引き続き秘書として父を支えました。ある日、仕事に合理性を求める私に対し、父から「すべて計算通りでは人は生きられない。余裕があり、無駄があるのが人間社会であり、それを円滑に回していくのが政治家の務めである。お前は人が生きているということを分かっていない。綺麗事を言うな」と叱られたことがありました。

普段は穏やかで優しい父が怒るのは珍しいことで、びっくりしたのを覚えています。これは父が祖父から継承した教えであったと思います。私も常に、この教えを胸に政治家としての職務にあたっています。

大野と四男・明（『大野伴睦』）

今日、「人間の機械化」が進行しているように感じます。余裕もなく、無駄もなく、世の中全体が興醒《きょうざ》めているように思えてなりません。果たして、これが健全といえるのでしょうか。今こそ血と汗と涙の流れた躍動感ある人間社会を取り戻す必要があると考えます。「義理と人情とやせがまん」を体現してきた大衆政治家・大野伴睦を通じ、あるべき人間社会の姿とは何かを考えるきっかけになれば幸いです。

はじめに

大野伴睦といえば、「サルは木から落ちてもサルだが、代議士が落ちればただの人」という名言を残したことで知られている。この言葉が登場したのは、一九六三（昭和三八）年一〇月二三日のことだった。

午後二時過ぎから行なわれた衆議院本会議は、傍聴席も報道関係者席も満員御礼で、むせ返るような熱気に包まれていた。解散間近とあって、野党陣営から激しい野次が飛ぶ。論戦が続く中、午後四時二一分、官房長官の黒金泰美《くろがねやすみ》が雛壇から姿を消した。

しばらくすると、議長席後方の扉が開く。紫色の袱紗《ふくさ》に包まれた解散詔書を持った黒金が現れた。事務総長の山崎高《やまざきたかし》が中身を確認し、議長の清瀬一郎《きよせいちろう》に手渡す。議場は水を打ったように静まり返った。

午後四時二六分、清瀬が「日本国憲法第七条により、衆議院を解散する」と、一気に解散詔書を読み上げる。その瞬間、「ただの人」になったばかりの「前代議士」たちが一斉に立ち上がり「万歳」の雄叫びを上げた。解散恒例のセレモニーである。

間もなく、国会議事堂二階の自民党控室で選挙戦に向けた決起集会が開かれた。万雷の拍手で迎えられた首相・池田勇人《いけだはやと》に続いて自民党副総裁の大野がスピーチに立った。「前代議士諸君」との第一声にフロアから笑いが起こる（「朝日新聞」一九六三年一〇月二四日朝刊）。続けて大野は、こう檄を飛ばした。

諸君は選挙がうまいから、よもや落ちたりすることはあるまいが、サルも木から落ちるというたとえもある。落ちないようにくれぐれも用心してください。サルなら木から落ちてもサルであることをやめるわけではないけれども、代議士が落ちれば、そのままではいられなくて、タダの人になってしまう。いくらベテランでも落ちては話にならない。がんばろう、当選してまた会おう。（『ユーモアのレッスン』）

アメリカにおける議会研究の権威であるメイヒューが述べているように、政治家の行動原理は、次の選挙で再選することにある（*Congress: The Electoral Connection*）。政治家は議席を失えば、自らが目指す政策目標にしても、名誉や権力といった政治家であることによって得られる利益にしても、一瞬にして手放してしまうことになるからである。ゆえに「サルは木から落ちてもサルだが、代議士が落ちればただの人」は、政治家という職業の核心を突いた言葉といえよう。百戦錬磨の政治家にしか思い至らぬ高論卓説である。最初に大野の簡単なプロフィールを紹介しておく。

おおの　ばんぼく　大野伴睦　明治二三・九・二〇―昭和三九・五・二九（一八九〇―一九六四）昭和期の政治家。岐阜県生れ。大正二年（一九一三）日比谷焼打ち事件で明大中退。立憲政友会の院外団に属す。東京市議を経て、昭和五年以来、翼賛選挙をのぞき衆議院に当選（当選一三回）。戦後は三木武吉と共に保守合同の裏工作など政界の駆引に活躍。二三年昭電疑獄に連座。二七年衆議院議長。自民党副総裁を長く務めた代表的な党人政治家であった。（『新潮日本人名辞典』）

大野は典型的な叩き上げで、保守合同の牽引役を担い、一時期、池田とトップの椅子を争うほどの実力を持ち合わせた。ところが、これだけの大物でありながら、政治学徒の間では、なぜか研究対象とされてこなかった。大野の義理人情を好むというスタイル、浪花節的なキャラクターに、どこか胡散臭さが漂うからであろうか。

伴睦殺すにゃ刃物はいらぬ、大義大義と云えばよい

こんな都々逸《どどいつ》風の戯《ざ》れ歌まである。本書は、大野の伝記である。現段階では、大野をテーマとした先行研究は見当たらず、出版物も数少ない。

生前、大野は、これまでの歩みを顧みて、一九五二（昭和二七）年一〇月に『伴睦放談』（金融界社）、続いて一九六二（昭和三七）年九月に『大野伴睦回想録』（弘文堂）、さらに、その改訂版として「義理人情一代記」とのサブタイトル入りで一九六四（昭和三九）年二月に同じく弘文堂から同名の著書を出版している。いずれも、雄渾《ゆうこん》な筆遣いで、自らのネガティブな過去も包み隠さず明らかにしている。だが、功については、それほど多くは触れられていない。一方、一九七〇（昭和四五）年五月、大野の七回忌に合わせて大野伴睦先生追想録刊行会が非売品として刊行した『大野伴睦―小伝と追想記』は、遺著の足らざる部分を補ってはいるもの

の、身内によって書かれたものだけに、いささか客観性に欠ける。

当然、本書が、これらに多くを負っていることはいうまでもないが、執筆に際しては、限られた範囲でしか流通していない出版物や史料を収集し、大野の親族へのインタビューを通じて、事実関係の確認、知られざるエピソードを丹念に拾い集めた。さらに、可能な限り臨場感ある内容にすべく、大野と関わりのある場所に足を運び、現場取材に取り組んだ。義理人情を軸とする大野の行動規範を通じて、合理的には説明できないものの、活気がなく、ユーモアに欠け、何もかもが機械的で、どこか無味乾燥としている今日の国政に何らかの示唆を与えることができれば、これに勝る喜びはない。

目次

第2章　東京市政から国政へ　53

〈凡例〉
・基本的に人名表記や引用文中の旧漢字は、読み易さを考慮し新漢字に改めた。
・難解と思われる語句にはルビを振った。
・出典は（）内に略記し、巻末の参考・引用文献一覧に書誌を示した。
・引用文中を含め、今日では不適切と判断される語句も散見されるが、本書の性格上、歴史用語として、そのまま用いた。
・敬称は略した。

第1章　政治への目覚め

青雲の志を抱いて

強盗に「追い銭」渡す

国会議事堂の裏手にある道路を挟んだ向かい側に衆議院第一議員会館、第二議員会館と並んで参議院議員会館が建っている。その五〇三号室に入ると議員執務室の壁に「義理と人情とやせがまん」と書かれたタペストリーが掲げられている。ここは、大野伴睦の孫にあたる参議院議員の泰正《やすただ》の事務室である。

泰正は、大野の四男で、衆議院議員を九期、参議院議員を一期、この間、労働大臣や運輸大臣も歴任した明《あきら》の次男である。一九九六（平成八）年二月、参議院議員現職のまま六七歳で没した明の後は、妻、すなわち泰正の母・つや子が後継となり二期務め、その後、二〇一三（平成二五）年七月からは岐阜県議会議員だった泰正が議席を維持している。

このタペストリーの文字は、大野の揮毫をプリントしたものだが、その豪快な筆致に圧倒される。「義理と人情とやせがまん」は大野のモットーであり美学だった。

実際、大野は生前、浪速節のごときエピソードを数多く残している。まずは、それから紹介してみたい。大野のことをまったく知らない人であっても、その人間味溢れる姿に魅了されると思うからである。

それは大野が七〇歳の時に起こった事件である。一九六一（昭和三六）年三月一八日未明、

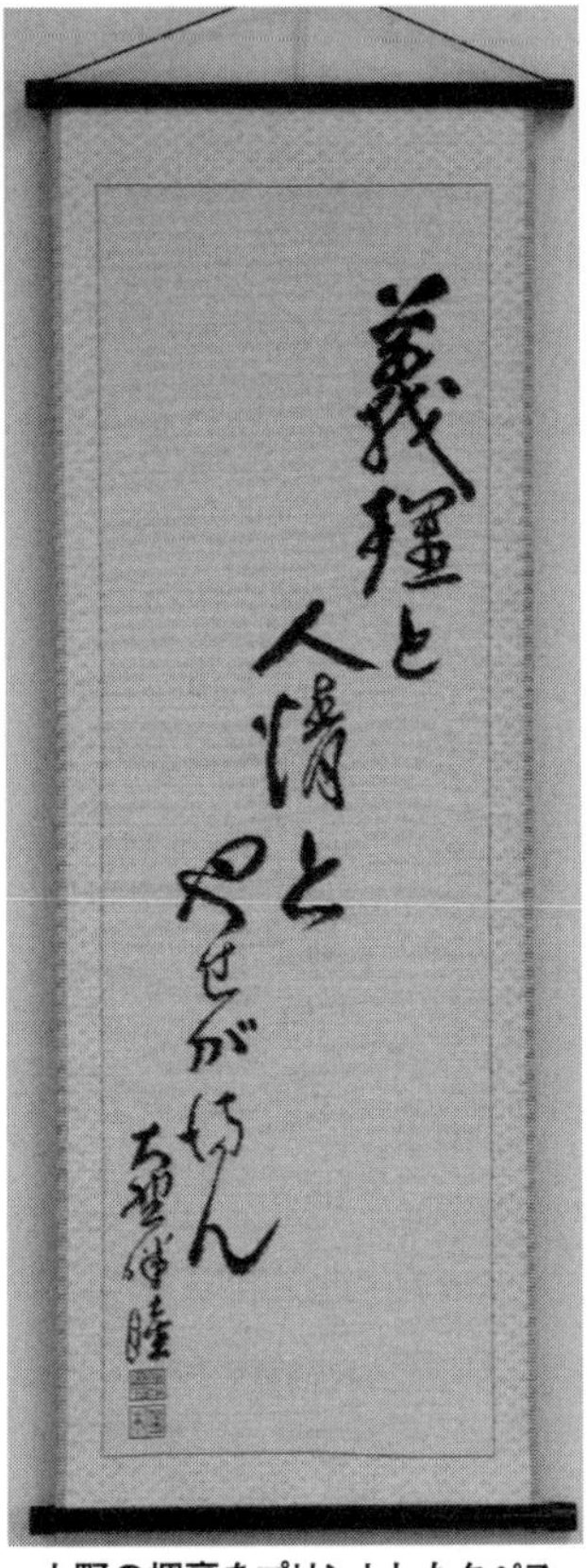

大野の揮毫をプリントしたタペストリー（大野泰正事務所所蔵）

芝公園近くにあった大野の自宅に強盗が入った。応接間の窓から侵入したマスク姿の男性は、二階の寝室で寝ていた大野の首に刃物を当ててきた。

「共産党か、右翼か左翼か」

「恩人を救うためにやむにやまれず初めてこんなことをするが金がほしい。騒ぐと殺す」

「騒ぎはしないが、警察にはすぐ連絡する」

「電話線は全部切ってある」

強盗は一〇万円を要求してきた。翌月二二日から五月三一日までの四〇日間、大野はデンマーク、西ドイツ、ベルギー、フランス、スイス、イタリア、クウェート、レバノン、スペイン、イギリス、アメリカ、サウジアラビアの一二か国歴訪を控えていた。これに先立ち、一か月以上も前から大野は訪問先への手土産を買うため、現金を用意していた。大野は平静を保った。

「きょうは現金がある。そこの茶ダンスにあるから持って行け」

「先生とって下さい」

「短刀をつきつけられては立てないじゃないか」

大野は無造作に札束を取り出そうとする。

「どこからはいってきたのか」と聞くと、最初玄関正面左側の離れにはいり、何もなかったので一たん外へ出て応接間からはいったと侵入の手口をくわしく自供、五、六十万円を渡すと「十万円でいい」という。「まあ持っていけ」とさらに千円札で一万円ほど出すと「それはいりません」とすっかり弱気になり「働いて必ず返します」というので「ドロボウで金を返したやつはおらんじゃないか。あてにしないで待っているよ」というと「ありがとうございました」といって出ていった。（「読売新聞」一九六一年三月一八日夕刊）

大野は命惜しさで札束を差し出したわけではなく、「恩人を助けるため」という強盗の優しさに純粋に心打たれたのである。それから数日後、日本電電公社総裁で「越央子《えつおうし》」の俳号を持つ俳人でもあった大橋八郎《おおはしはちろう》が開いた句会の席で、大野は、こんな俳句を披露する。

強盗のおじぎして去る夜半の春（『大野万木句集』）

翌年三月、大野はマルチタレントの徳川夢声《とくがわむせい》が会長を務める「ゆうもあくらぶ」から、世の中を明るくするユーモアのある話題を提供した人に贈られる「ゆうもあ賞」を受けた。「強盗に『追い銭』を渡して更生するようにさとした」というのが受賞の理由だった。（「朝日新聞」一九六二年三月二五日朝刊）

利害得失気にせず

大野は依頼人が誰であろうと、利害得失を気にしない。こんなこともあった。

一九五六（昭和三一）年九月に開催される中国共産党の第八回全国代表大会に出席するため、日本共産党第一書記の野坂参三《のさかさんぞう》が、当時、日本と外交関係のなかった中国を訪問しようとした。ところが外務省が一向に渡航許可を出さない。困り果てた野坂は、万策尽きてライバルであるはずの自民党の重鎮たる大野に口添えを依頼することにした。

大野は「共産党とは犬と猿の間柄の私だが、頼まれたのではやむをえない」と、これを引き

大野と野坂参三（共同通信社）

受け、外務省に「思想的に赤でない人間を中共にやるのは心配だが、赤の野坂君を赤の国に旅行させても、これ以上アカにはならない。格別、中共行きを騒ぐ必要はないよ」と言って、いとも簡単に処理してしまった（『大野伴睦回想録』）。「アカ」とはコミュニストを指す際の隠語である。確かに理に適った説明ではある。大野の面目躍如といえよう。

一八九〇（明治二三）年は、日本において立憲政治がスタートした年であった。七月、選挙権や被選挙権に納税、性別の制限はあったものの、前年二月の大日本帝国憲法と衆議院議員選挙法の公布を受け日本で初めての民選選挙が実施され、一一月には公選の衆議院と非公選の貴族院とによる帝国議会が開設される。

大野が産声を上げたのは、この年の九月二〇日である。岐阜県山間部にある山県郡谷合村で父・直太郎《なおたろう》、母・国枝《くにえ》の四男坊として生を享けた。早世した二人を含めて大野には兄三人、妹二人に弟一人がいた。

外祖父・臼井半四郎《うすいはんしろう》は地元の名士で、村長、特定郵便局長、天鷹神社という村社の神主、さらに「谷周」と称する屋号の呉服を商う萬屋《よろずや》を営んでいた。住民からは「御隠居さま」と呼ばれていたという。(『伴睦放談』)

臼井は、収入役、助役、やがて自らの後継として村長となった直太郎を見込んで、一人娘の国枝を嫁がせた。大野家も谷合村では有名な名望家だったが、直太郎が村政運営に尽瘁《じんすい》した結果、私財を蕩尽《とうじん》してしまう。そのため、臼井から譲り受けた萬屋を切り盛りする国枝は休みなく働き、借金返済のため不動産をすべて売り払って一家を支えた。

大野は、そんな両親の愛情を受けながら健やかに育った。谷合尋常小学校の級友だった臼井《うすい》松市《まついち》は、幼少の頃の大野について次のように語っている。

小学生時代の先生は大変な餓鬼大将でしたが、勉強の方はいつも優等でした。尋常四年のある日、一冊三銭の雑記帳を買えない生徒があり、大野先生は黙って自分の財布から出してやり、後日その母親が先生にお礼を言われたことがありました。(『大野伴睦』)

当時から大野には義理人情が宿っていたのであろう。

雌伏の時を経て上京

一九〇五（明治三八）年二月、谷合高等小学校卒業を控え、大野は両親の希望に沿うべく名古屋陸軍幼年学校を志願した。折しも日露戦争の最中で、本人も軍人を夢見ていた。

大野は合格するものと思い込んでいた。ところが、虫歯が原因で身体検査が通らず、まさかの不合格となる。一時は自殺を考えるほど思い詰めたらしい。そんな時、大野を救ったのが俳句だった。

今から思ふと昔のことであるが、まだ郷里の小学校の学童の頃、校長の加藤愛次先生に引率されて二里計り北の北山村神崎といふ処へ遠足に行ったことがある。途中には風景の佳い処もあるので、その翌日先生から「遠足」といふ課題で作文を作らせられたので、私も下手な一文をものしたが、神崎川の清流に瀬見橋といふ風景の絶佳なところがあるので、

旅人の名残りを惜しむ瀬見の橋

と幼稚な十七字を並べて出したところ、先生はこれは仲々面白いと大変に褒められたので、幼な心に嬉しかったことは、終生忘れ難いものがある。（「俳句と私」）

そこで、地元の学校で代用教員をしながら、村内の青年団員を中心とする句会「オラガ会」に入会し、俳句作りに没頭する。やがて、文芸家として身を立てたいという夢を抱くようになっていった。俳句は大野にとって生涯の趣味となり、その後、「万木《ばんぼく》」という俳号まで作るが、当時は、それを生業《なりわい》にしようと考えていたのである。

両親は反対したが、何とか、これを説き伏せて、一九〇八（明治四一）年四月、青雲の志を抱いて上京を果たす。雌伏二年、一八歳の時だった。大野は当時を振り返り「全く、人生、なにが幸いするかわからない。初志貫徹で一生を幸福に送る人もいるが、私のように、初志が実現しなかったことが、別の人生を展開するきっかけになったのだから」と語っているが、仮に名古屋陸軍幼年学校に合格していれば、「政治家大野伴睦」は誕生していなかったに違いない。（『大野伴睦回想録』）

わずかばかりの荷物を持って上京した大野は、母方の親戚筋にあたる神田駿河台の臼井写真館に身を寄せた。ある日のこと、文芸家を志す大野に主人が「文士などとは一人前になる人は九牛の一毛に過ぎない、私の仕事は流行の尖端を行くようなもので前途は洋々としている、折角上京されたのだから、これからは私と一緒に写真術を研究されたらどうか」と勧めた（『大野伴睦』）。確かに文芸家で生計を立てるのは、そう簡単ではないことは分かってはいた。しかし、写真家になるために上京したわけではない。

そこで大野は「この際ひとつ郷党の先輩の意見を尋ねてみよう」と、のちに立憲政友会の衆議院議員となる川村数郎《かわむらかずろう》という人物のところへ出向き、「自分は将来政治家たるべく、準備を進めている。君も法律を勉強して政治をやったら何うか」とのアドバイスを受けるのであった（同右書）。これにより大野は、まずは弁護士となり、それを足場に政治家になろうと決意し、寄宿先の近所にあった明治大学専門部法科への入学を目指すことにした。

弁護士を目指して明治大学へ

アルバイト

初めの頃は親切だった臼井一家も、やがて大野を居候扱いし始めた。そこで、勢いに任せて臼井写真館を飛び出し、下宿屋に引っ越した。大野は、実家からの仕送りを頼りに、近くにある研数学館や正則英語学校に通い受験勉強に取り組んだ。これらは今でいう予備校の走りのようなもので、大野は学校帰りに焼き芋を買って懐に忍ばせ下宿先に戻り、薄汚れた部屋の中で焼き芋を頬張りながら英文を暗唱し、代数方程式に首を捻《ひね》るという毎日を送った。

しばらくすると、手持ちの貯金も底をついてきた。いつまでも両親の脛《すね》をかじっているわけにもいかない。そこで、授業料や生活費、小遣いを捻出するため、政治雑誌の広告取りや口述筆記のアルバイトにも励んだ。

広告取りをした政治雑誌は、「東京日日新聞」の副主幹で、その後、立憲国民党の衆議院議員にもなった相島勘次郎《あいしまかんじろう》がスポンサーとして後押ししていたもので、「記者」という肩書きが入った名刺を持って方々を歩き回った。手当は月額一二円だった。しかし、どう切り詰めても、これだけでは不十分で、だからといって働きながら学ぶことを許してくれる都合のいい働き口は、そうは転がっていない。（『現代政治家論』）

そこで大野は悩んだ挙句、「一世一代の『名手紙』」をしたためることにした（『大野伴睦回想録』）。送り先は、のちの陸軍大臣で、当時、陸軍少将、参謀本部第四部長だった大島健一《おおしまけんいち》である。ところが、同郷であることは知ってはいたものの、まったく面識がない。しかし、時は

「同郷の誼《よし》み」という言葉が生きていた明治末期である。大野は思い切って「御尊台とは同郷の者、家、貧にして苦学を志しているが、不幸にして職をえない。なにとぞ、この私を救っていただきたい」と書き綴った手紙を送った。（同右書）

数日後、大野の下宿先に呼び出しの返信が届く。地獄で仏である。喜び勇んで三宅坂にある参謀本部の庁舎へ出向いた。大島は部下を通じて口述筆記のアルバイトを紹介してくれた。勤務は月、水、金曜日の週三回で月額一六円の手当が支給された。いささか強引だが、大野のバイタリティーには驚嘆するほかない。

さらに、大学受験の要件を得るため、順天中学校の校長・松見文平《まつみぶんぺい》に頼み込んで、五年級に途中入学し、登校することなく卒業証書をもらうという離れ業を演じた。通常では考えられないことだが、大野曰く「のんびりした明治末期のこと」であり「さして珍しいことではなかった」という。（同右書）

こうして、一九一〇（明治四三）年四月、大野は明治大学専門部法科に入った。ただし、「彼は日本大学に学び、暫くして明治大学に移った」と書かれた出版物（『現代政治家論』）、あるいは大野の政治生活五〇周年を記念して出されたレコードのパンフレットには早稲田大学を卒業したことを意味する「早大修」との記述も見られる。これらは正規の入学ではなく無断で教室に潜り込んで授業を聴講していただけのものと推測される。

帰郷、そして再上京

晴れて明治大学に入学した大野だったが、ひと山越したことによる気のゆるみからなのか、勉学そっちのけで俳句を作っては文芸雑誌に投句し（「俳句と私」）、しかも酒びたりになる始末であった。深酒しすぎて貯金がなくなる頃、大野は質屋の存在を知ることとなる。「東京は便利な処だ。金はなくても着物さえあればいゝわけだ」と、実家から持ってきた着物を質屋に運んでは金銭を手に入れ飲み歩き、挙句の果てに「味を占めて、あとからどん〳〵持っていって、しまいに着物が一枚もなくなってしまった」らしい。（『伴睦放談』）

口述筆記のアルバイトを通じ、参謀本部に勤務する一〇歳年上の嶋永太郎《しまえいたろう》という陸軍中尉と出会ったことを機に、色街通いにも夢中になった。嶋はのちに福岡県小倉市長にもなった人物である。当時、嶋は口述筆記の原稿を受け取り、誤字脱字をチェックする係だった。すぐに二人は親しくなり、嶋の案内で靖国神社近くの富士見町花街で遊び呆けたという。（『現代政治家論』）

ところが、入学から一年後、大野を悲劇が襲う。急性盲腸炎を患い、重篤な状態に陥ったのである。緊急入院することとなった大野は、上京以来、初めて実家に救いを求めた。知らせを受け、急きょ母・国枝が上京し、寝食を忘れて大野の看病にあたった。その結果、一週間ほどで快方に向かっていく。

私の命が喰い止められるということになったら、母が脚が痛いという。よく見ると、郷里を出る時に履いたまゝ、一週間も足袋をぬぐ事を忘れていたのである。それですっかり脚が腫れ上って、コハゼが肉に喰い入っている。私はそれを見た時に、病床でハラ〱と泪をながした。（『伴睦放談』）

退院後、大野は大学に休学届を提出し、いったん故郷に引き揚げることにした。ひさしぶりに故山《こざん》に戻った大野は、病後の体力が回復するまでの間、旧友たちと句作を楽しみ、囲碁を打ち、川釣りをしながら過ごした。

だが、いつの間にか病み上がりであることを忘れたのだろう。無理をしすぎて身体を壊し、今度は痛風の一種とされる病にかかり、足腰が弱って立つことさえままならない状態となった。これにより八か月もの療養を余儀なくされてしまう。

この間、尾崎紅葉《おざきこうよう》や幸田露伴《こうだろはん》といった小説家の作品を読み漁りながら憂さを晴らした。そのうち「小説家でメシを喰おう」と決心して、腕試しのつもりで投書雑誌に投稿したところ、見事、入選したこともあったらしい（『大野伴睦回想録』）。それでも大野にとっては何とも味気ない毎日だった。

やがて少しずつ回復に向かっていくと、無性に再び上京したいと思うようになっていった。再発の恐れもあるため、家族が反対することは火を見るよりも明らかだった。このままでは、いつ上京できるか分からない。一計を案じた大野は、隣の大桑村に嫁いだ妹に会いに行くと言って実家を飛び出した。

しかし、懐中は一文無しである。「妹に金を借りて汽車賃にしようと考えていた」という大野だったが、さすがに兄として「金を貸せ」とは言いにくい（同右書）。そこで、同じ郡内にある高富町まで赴き、知り合いの料理店の女将から五円を借りて、そのまま汽車に乗り、再度の上京を果たすのであった。脱兎のごとき早業である。一九一二（明治四五）年七月一九日、明治天皇崩御の一一日前のことだった。

到着した大野は、麹町元園町にある明治大学の学友の自宅に転がり込んだ。そして、明治大学に復学し、初心に立ち返り、弁護士となるべく、近所の図書館で司法試験の準備に明け暮れる日々を送った。

大正政変

憲政擁護運動へ

明治から大正に移ったばかりの日本は激動の中にあった。朝鮮駐屯の二個師団増設問題に関し、増師計画が採用されなかったことを不服として、陸軍大臣の上原勇作《うえはらゆうさく》が大正天皇に帷幄上奏《いばくじょうそう》して単独辞任し、しかも、陸軍が後任を推薦しなかったため、第二次西園寺公望《さいおんじきんもち》内閣は総辞職する。その結果、陸軍における長州閥のリーダーだった桂太郎《かつらたろう》が後継首班となった。

大命降下の三か月前、大正天皇即位にともない内大臣兼侍従長として宮中に入っていた桂の三回目となる組閣である。これには「藩閥政治」の横暴、「宮中・府中の別」という截然《せつぜん》とした区分を乱すものだとの厳しい批判が上がり、「大正政変」と呼ばれる騒動の「導火線」となる（『公爵桂太郎伝』坤巻）。「閥族打破」と「憲政擁護」をスローガンとする第一次憲政擁護運動が燎原の火のごとく沸き起こり、その勢いは全国へと広がっていく。その中核となったのが政友会の尾崎行雄《おざきゆきお》と国民党の犬養毅《いぬかいつよし》である。二人は全国を駆け回り、「憲政の神様」と併称され、いずれの演説会場も人波で溢れ返り、「国論沸騰」を引き起こした。（『日本政治史2』）
それでも桂は強気だった。組閣を終える一方、桂は絶対多数の政友会、国民党を切り崩すべく、新党（立憲同志会）結成を宣言し、一九一三（大正二）年一月二一日の帝国議会休会明け直後、一五日間に及ぶ衆議院の停会《ていかい》を奏請《そうせい》した。こうした術策に対し、憲政擁護運動は、さらに盛り上がっていく。一九一二（大正元）年一二月一九日、約三〇〇〇人もの聴衆を集めて歌舞伎座で開催された最初の憲政擁護大会に続き、翌月二四日、二回目となる憲政擁護大会が新富座で行なわれた。
尾崎、犬養は舌鋒鋭く桂を批判する。会場は拍手喝采が鳴り止まず、終始、熱気に包まれた。その中に大野の姿もあった。

京橋新富座の前を通りかかると、憲政擁護の大演説会が開かれている。暇だったので、何気なく入ってみると、尾崎行雄、犬養毅両雄が雄弁をふるっている。聞いているうちに、すっかり両氏の演説に魅せられてしまった。二十歳そこそこの多感な青年時代のことだ。じっとしているのが、悪いような気になってきて「よし、わしも立ち上ろう」と決意した。その時にはすでに弁護士受験のことはどこかへすっとんでしまっていた。（『大野伴睦回想録』）

数日後、大野は神田錦町にある松本亭という貸席にいる弁護士の木下三四彦《きのしたみよひこ》を訪ねた。松本亭は、多くの政治運動家たちが集会所として使っていた梁山泊《りょうざんぱく》のようなところで、当時、木下は、ここに陣を構えて激烈な憲政擁護運動を繰り広げていた。木下から、その内容を聞いた大野は、早速、これに参加することを決め、結婚するまでの約七年間、ここで寝泊まりするようになる。

日比谷焼き打ちで逮捕

停会明けとなった二月五日、政友会と国民党により衆議院に内閣不信任上奏決議案が上程された。本会議では元田肇《もとだはじめ》に続いて尾崎が壇上に立った。五つ紋の羽織に純白の太紐を結び、仙台平の袴を着けて悠然と登壇した尾崎は「彼等ハ玉座ヲ以テ胸壁トナシ、詔勅ヲ以テ弾丸ニ代ヘテ政敵ヲ倒サントスルモノデハナイカ」と桂を攻撃する。これには桂も顔面蒼白となった。

演壇に立つまでの尾崎は、桂を叩くにしても、できるだけ穏やかな表現を用いながら理詰めにして真綿で首を絞めるような感覚で批判するつもりでいた。ところが、元田の質問に対する桂の軽蔑するような態度に憤慨を覚え、つい感情的になってしまったという。(『民権闘争七十年』）

形勢を立て直すべく、桂は再び五日間の停会、さらに内閣不信任上奏決議案の可決回避のため、大正天皇に奏請して政友会総裁の西園寺への「宜シク朕ノ意ヲ体シテ賛襄スル所アレ」との勅語を出してもらうことにした。これは「不信任決議案をどうにかせよという意味」で、西園寺も「聖旨《せいし》に奉ずるほかない」と判断するも、政友会の一般党員は「桂が聖旨を仰いで議会を押さえ込み、西園寺を毒殺するものであり、憲政上忍ぶべからざること」と激昂した。（『桂太郎』）

停会明けの一〇日、当時、日比谷にあった国会議事堂の外は午前中から殺気立った雰囲気に包まれていた。大勢の群衆が国会議事堂を取り囲む。大野も学生服にオーバーを着込んで、その中に交じって固唾を呑んで見守った。

政友、国民両党の代議士二百五十人はすべて胸に白バラをつけ、さっそうと人力車や馬車でやってくる。そのたびに、私ら学生団や院外団が「白バラ万歳」と叫ぶ。桂派の同志会の代議士が姿をみせると、人力車ごと「閥族を葬れ」ともみくちゃにする。（『大野伴睦回想録』）

次第に群衆の数が増え、警視庁も五〇〇〇人近くを動員して警戒にあたった。騎馬巡査は群衆を蹴散らし、徒歩巡査が倒れた人々の腕を持って引き摺っていく（『大正政変の基礎的研究』）。緊迫の度合いは極限に達しつつあった。

内閣不信任上奏決議案は可決確実の状況にあった。衆議院解散か、あるいは総辞職か。悩んだ挙句、桂は辞意を決し、三日間の停会とした。しかし、群衆は「これが辞職のための停会」であることは知る由もない（同右書）。間もなく暴動と化していく。

夕方近く、議事堂から野党の一議員が出てきて、群衆に向かって、「桂内閣は非立憲にも只今議会を三たび停会し……」と叫ぶと、ワーッという怒声罵声、カン声が蜂の巣をついたように議事堂におしよせた。（『富有集』）

「桂を出せッ、裏門から逃げても追かけるぞッ」との怒号が飛ぶ（「東京朝日新聞」一九一三年二月一一日）。しばらくすると、群衆の一角を蹴破って騎馬巡査が現れ、散会を命じた。しかし、誰も言うことを聞かない。血気に逸る大野は、ステッキを打ち振りながら日比谷公園に向かい、そこで「今日われ〳〵が天下の公道を濶歩するに当って、騎馬巡査がわれ〳〵を馬蹄にかけて、蹂躙するとは何事か、これは如何に桂が非立憲であるかという証拠である」と、無我夢中で弁舌を振るった。（『伴睦放談』）

騎馬巡査は群衆からの投石の雨を浴びて立ち往生する。群衆は桂を擁護する都新聞社へ雪崩れ込んだ。社内に侵入して活字ケースを引っ繰り返し、輪転機に砂を投げ入れ、最後に火を放つ。さらに激昂した群衆は国民新聞社をはじめとする「御用新聞」を軒並み襲撃し、ついには死傷者まで出る騒擾《そうじょう》となり、多くの派出所が焼き打ちに遭った。「恰も戦場の如き光景」で（東京朝日新聞」一九一三年二月一一日）、一九〇五（明治三八）年九月、日露戦争後に結ばれたポーツマス条約の内容に不満を持つ民衆が日比谷公園での国民集会を機に暴徒化し、拡大した日比谷焼き打ち事件を想起せしめるものだった（『公爵桂太郎伝』坤巻）。東京市内はパニックとなった。結果、桂は翌日、辞表を提出した。

だが、目的達成とはなったものの、大野は国民新聞社の前で逮捕されてしまう。日比谷公園での熱弁が、まるで群衆を扇動するかのような格好だったため、私服刑事に背中にチョークで目印を塗られマークされていたのである。大野は否応なしに東京監獄に放り込まれ、そこで四五日間を過ごすことになった。留置場には仲間たちが毛布や着替えといった差し入れを持って面会に来てくれた。

最初は気が滅入っていた大野だったが、取り調べでは、弁護士を目指して法律を学んでいたことが大いに役に立つ。結局、自ら群衆を煽って騒擾を起こしたわけではなく、野次馬気分で大勢の人々の後を追っただけの「附和随行」にすぎないとの主張が認められ、わずかな罰金刑で済んだのであった。

政友会院外団入り

「私を救済する義務がある」

保釈された大野は再び松本亭に舞い戻った。だが、明治大学は退学処分となり、実家の両親からは勘当を食らい、路頭に迷う羽目になってしまう。しかし、たとえ躓き転んでも、ただでは起きないのが大野である。

親から勘当を受けるほどの騒ぎをやったが、なにも政友会から頼まれたわけではない。あの騒ぎで桂内閣は倒れ、政友会は万々歳だが、俺はおかげで臭い飯をくわされた。こうやって松本亭では食わせてくれるが、小遣銭まではくれない。ひとつ政友会とかけ合って慰謝料をもらうことにしよう――（『大野伴睦回想録』）

大野は意を決し政友会本部へ足を運んだ。西園寺に代わって総裁となった原敬《はらたかし》に面会を求めるも、当然、門前払いとなる。それでも挫けることなく通い続けた結果、ジャーナリストで原とも親しい前田蓮山《まえだれんざん》と出会い、その前田を通じて、幹事長の村野常右衛門《むらのつねえもん》を紹介された。原は第三次桂内閣後に発足した第一次山本権兵衛《やまもとごんべい》内閣の内務大臣となっていたため、政友会の党務は村野が掌握していた。

しばらくして、村野との対面が実現する。大野は「私共がこの犠牲を払った結果、第三次桂内閣は五十数日にして遂に総辞職をし、その結果、事実上の政友会内閣、山本権兵衛内閣が出来たじゃないか。桂内閣を倒してこの内閣を実現したのは、取りも直さず我々の力があずかって大なるものがあると確信する。しかるに今私はこういう境遇にいる」とまくし立て、「政友会は私を救済する義務があると思うが、どんなものでしょうか?」と談判した。（『伴睦放談』）

村野は微笑みながら「偉いぞ。よく憲政を擁護してくれた。国家のためにこれからもしっかりやってほしい」と激励し、大野の希望を受け入れ、当時としては大金となる毎月一〇〇円の生活費を支給すると約束してくれたという（『大野伴睦回想録』）。さらに「政友会本部に遊びに来給え。本部には十日会といって新聞記者の会もある。貴族院、衆議院の代議士や、院外団という将来政治に志を抱いている有為の青年もおる」と、政友会本部への出入りを勧めた。（同右書）

以来、大野は頻繁に政友会本部を行き来するようになった。そのうち、衆議院議員の小久保喜七《こくぼきしち》からの要請で選挙演説を手伝ったところ好評を博し、小久保の誘いで院外団入りを決め、初めて政友会の党員となった。二四歳の時である。

「院外団は、或る意味に於て政界の登竜門であり、政治的進出の準備所」であった（『日本政党の現勢』）。「代議士が議院内を構成して居る」のに対して、文字通り「院の外部を囲繞《いにょう》して居る国民」を指すもので、当時は「政治愛好の浪人の一団」とも見做されていた（『院外団手記』）。院外団員となってからの大野は、水を得た魚のように血気に逸る仲間たちと一緒になって駆けずり回った。地方遊説に出ては日当一〇円をもらい、大いに青春を謳歌した。

二度目の逮捕

その頃、ヨーロッパでは一触即発の状況が続いていた。イギリス、フランス、ロシアによる三国協商、ドイツ、オーストリア＝ハンガリー、イタリアによる三国同盟の対立が深まり、一九一四（大正三）年七月にオーストリア＝ハンガリーがセルビアに宣戦布告したことで、やがて、これらの国々が参戦し、ヨーロッパを主戦場に第一次世界大戦が始まる。日本は日英同盟に基づいて三国協商側に加わり、八月、ドイツに宣戦布告し、ドイツが持っていた南洋諸島を陥落させ、さらに中国大陸に攻め入り、ドイツの有する山東半島の租借地を制圧する。

ただ、第二次大隈重信《おおくましげのぶ》内閣の外務大臣である加藤高明《かとうたかあき》にとって最も重要だったのは、これらを確保することよりも「山東半島を最終的に返還するという『好意』を中国側に示す」ことで、中国から「より大きな利益を獲得する」ことにあった（『対華二十一カ条要求とは何だったのか』）。「より大きな利益」とは、日露戦争での勝利によって日本がロシアから継承した遼東半島の租借権、南満州鉄道の経営権といった満州権益の返還期限を延長することである。返還期限は早いもので九年後に迫っていた。（同右書）

こうして一九一五（大正四）年一月、加藤の主導で中華民国の袁世凱《えんせいがい》政権に対し、全五号二一カ条から成る「二一カ条要求」が出される。この要求は第一号から第四号が「要求条項」、第五号が「希望条項」であった。第一号は山東省におけるドイツ権益の日本への移譲、第二号は南満洲と東部内蒙古における日本の優越性確立、第三号は製鉄会社「漢冶萍公司《かんやひょうこんす》」の日支合弁、第四号は中国沿岸地域や島嶼部の対外不割譲だった。これらは当時の日本の力関係において想定の範囲内だったが、第五号は実質的に中国を日本の「保護国」とするような内政干渉を疑われても仕方のない内容で、国際社会からの批判は避けられないものだった。

加藤は、この第五号を駆け引きのための道具にすべく「希望条項」という中途半端な扱いにして秘密交渉を行ない、「要求条項」たる第一号から第四号を袁世凱に飲ませようとした（同右書）。だが、袁世凱は、これをリークし、その内容を知ったアメリカやイギリスの反発を惹起させ、中国の人々の憤慨を買うことになる。初めから要求貫徹の意志も希薄で、非難を受けることを分かったうえで「希望条項」という形にしたことは明らかに外交上の失敗であった。

なぜ、そうだったのか「合理的に説明することは難しい」が、政治家である以上、加藤の「本音」がどうであれ「結果については責任を負わねばならない」という立場にあったことは確かである（『加藤高明』）。結局、日本は第五号を削り、第一号から第四号の内容に修正を加えた最後通牒を袁世凱に受諾させるが、案の定、中国では民衆による反日運動が起こり、国際社会から大きな波紋を呼んだ。

一方、多くの国々の目がヨーロッパに向いている今こそ日本がアジアにおけるプレゼンスを高める好機であるとして、日本では第一次世界大戦が勃発した直後から中国大陸での「権益拡張熱」が膨れ上がり（『対華二十一カ条要求とは何だったのか』）、二一カ条要求を提出してからは、要求貫徹を主張する民意が大勢だった。これがプレッシャーとなり、右往左往する加藤は世間からの厳しい批判を浴びた。

政友会内でも「権益拡張熱」が沸騰し、加藤の対応を「軟弱外交」であるとして糾弾する向きが強まっていく（同右書）。当時、「青年の間に政治思想の普及を図ろう」との趣旨で設けられていた「鉄心会」という「在京院外団青年部」があった（『大野伴睦』）。鉄心会は「対支青年同盟」を組織して、街頭に出ては加藤外交を指弾する国民運動を展開していた。大野も当然、これに加わった。

本所緑町の本所寿座で「日比谷のつつじ、まさに紅いなり」と題する熱弁を振るった時のことである。文学青年染みたテーマだが、その内容は挑発的なもので、加藤外交を攻撃し、一八六〇（安政七）年三月の桜田門外の変、日比谷焼き打ち事件、そして自ら参加した大正政変の発生場所が日比谷だったことを挙げ、最後に、こう訴えた。

このように、国論沸騰のたび日比谷はつねに民衆の叫びの震源地となる。諸君、われわれは近日中に大隈内閣の軟弱外交を弾劾する国民大会を、以上申し上げた故知にならって日比谷で開こうと思う。そのときはふるって参加されたい。来たれ日比谷に。集まれ日比谷に――（『大野伴睦回想録』）

場内から歓声が上がった瞬間、大野に不安がよぎった。聴衆を扇動していると見なされ、再び連行されるのではないかと直感したからである。そこで大野は機転を利かせ、こう継ぎ足した。

ただし、日比谷といえば陛下のおひざ許である。ここを騒動の街と化すのは、上御一人に対し恐懼に耐えない。従って、このような「意気」と「気概」を抱いて、日比谷に来たれ。（同右書）

ところが、数日後、治安警察法に反するとして大野は逮捕されてしまった。そして再び東京監獄に身柄を拘束され、三か月間の禁固刑に処された。伊藤政重《いとうまさしげ》という知り合いの弁護士からは逃亡を勧められたが、大野は刑に服した。

のいだ。

監獄数え歌

獄中は大野にとって苦痛そのものだった。そこで「監獄数え歌」なるものを作って退屈をし

一つとや　人々一度は市ヶ谷の　監獄の馬車にも乗れよかし
二つとや　二晩三晩は夢うつつ　慣るれば夜舟の高いびき
三つとや　みかんの三袋楽しみに　差し入れ待つ間の日の長さ
四つとや　用意の号令で床につく　これが地獄の極楽じゃ
五つとや　今世をときめく政治家も　獄舎住いの昔あり
六つとや　無罪の宣告待つ間　精神修養怠るな
七つとや　などて恥じらうことやある　監獄は人生の大学じゃ
八つとや　役人いばるな、これ看守　われは陛下の赤子なり
九つとや　これも国のため党のため　もっそう飯もいとやせぬ
十とや　豆腐屋のラッパに暮れていく　雨の監獄ものわびし（同右書）

さらに、「駕籠で行くのは お軽じゃないか」で知られる当時の流行り唄「どんどん節」を替え歌にして大声で唄い、看守に咎《とが》められたこともあったらしい。

馬車で行くのは
大野じゃないか
ぼくは監獄へ行くわいな
人に誇りし天下の浪人
国のためならときどきは
焼き討ちやったり
やられたり　どんどん（同右書）

そんな陽気な大野を優しい眼差しで見詰めていたのが典獄《てんごく》の木名瀬礼助《きなせれいすけ》だった。「どうせ囚人の身で諦めているから、酒も女も欲しいとは思わない。が、せめて一日に二、三本のタバコが吸いたい」という大野に、木名瀬は「どの囚人でも、みながそういうよ。タバコは禁制だからな」と言いながら、こんな粋な計らいを見せた。

典獄はポケットからタバコを出し、一本つけていたが、「ちょっと便所に行ってくる」とタバコを私の前に置いたままいなくなってしまった。この間にタバコを吸えとの暗示だな――。こう察した私は、目の前のタバコを二、三本たてつづけに吸ってしまった。そのうまかったこと――。便所からもどった典獄は、部屋一ぱいに立ちこめたタバコの煙をみて、何もいわずににやにやしていた。（同右書）

出獄してから数年後、大野は木名瀬の訃報を耳にする。大野は「吉原通いを二、三回辛抱」し、五円を工面して香典に包み弔問に出向いたという。（『富有集』）

さらに警視庁の渋田健蔵《しぶたけんぞう》という刑事にも可愛がられた。当時、日本を代表する言論人として名を馳せていた「国民新聞」主筆の徳富蘇峰《とくとみそほう》が暴漢に襲撃されるという事件があり、犯人逮捕のための事情聴取という名目で大野を独房から連れ出し、浅草へ行って芝居見物を楽しみ、牛鍋をつついたという。

一九一五（大正四）年一一月の大正天皇の即位礼に合せた大赦《たいしゃ》により大野は出所を果たした。その日、大勢の仲間たちが東京監獄まで来て笑顔で出迎えてくれた。出所の寸前、大野は禁煙、禁酒、禁欲を決意する。しかし、出所を喜ぶ彼らの勢いに流され、一夜にしてすべての誓いを破ってしまった。

翌日は二日酔いで昼近くまで寝ていた。目を覚ました場所は洲崎遊郭である。かたわらで眠っている遊女の顔を見ながら溜息を洩らした大野は、「如何に娑婆には悪魔が多いか」ということをひしひしと感じたのであった。（『伴睦放談』）

原敬に心酔

出所後、大野は心機一転し、再び院外団員として血沸き肉躍る仲間たちと政治活動に明け暮れる日々を過ごした。やがて政友会総裁の原敬にも一目置かれるようになる。大野が原の知遇を得たのは、出所して間もなくのことだった。政友会の懇談会の席で、三味線の音に合わせて、獄中で作った「監獄数え歌」を披露したところ、これが原に受け、地方遊説にも同行を許されるほど親密になっていく。

このころの院外団は総裁と口をきくのは半年か一年にいちどくらい。あとは、はるかに姿を眺めているのがやっとというのだから、私としては大変な出世であった。（『大野伴睦回想録』）

その後、原の推挙で大野は貴族院交友倶楽部の書記長となった。一九一二（大正元）年一二月に結成され、「会の決議に対しては会員を拘束せず、一人一党主義」の「極めて自由」なる政友会系会派であった（『水野錬太郎回顧録・関係文書』）。「一見ズボラにみえて、こまめなところがあって、決してカンどころをはずさない大野の性格をよく見ぬいていた原が大野を貴族院での自分の連絡係りにしようとした」のである（『富有集』）。月給一〇〇円で、当初、二年の約束だったはずが、結局は八年もの長きにわたって書記長を務め上げた。

大野はプライベートでも変化があった。安定した収入を得られたことで、海老名君子《えびなきみこ》という女性と結婚したのである。松本亭の近所にあるミルクホールで知り合ったらしい。これを機に住み慣れた松本亭を離れ、同じ神田錦町内に居を構えた。間もなく、近所にあった錦輝館という多目的ホールの火災により、大野の住まいも類焼の厄に遭ったため、一時期、松本亭に舞い戻るも、やがて新桜田町にある交友倶楽部の事務所内に居住スペースを設けることになり、「簡素でしかも活動的な生活」を始めた。（『大野伴睦』）

この頃、政友会も黄金時代を迎えた。第二次大隈内閣、寺内正毅《てらうちまさたけ》内閣を経て、一九一八（大正七）年九月、日本初の本格的政党内閣として原内閣が成立したのである。爵位を持たない首相は原が初めてで、当時、「平民宰相」と称された。

叙爵《じょしゃく》のチャンスは何度もあった。しかし、大野によると原は「自分は終始一貫、政党政治家として国家にお奉公を致したいのである。いま子爵や男爵を頂戴すると代議士になれない。貴族院に議席をもてば貴族院議員になる、それは自分の本意でない」と言って辞退し続けたという。（『伴睦放談』）

原は大野を随分と可愛がった。当時、原は大晦日になると、金欠で年越しのできない党員のために大金を用意し、どうしても工面できない場合、最後は自分のところに飛んで来るだろうと、政友会本部の総裁室で過ごすのが恒例となっていた。それを知った時、「心から泣いた」という大野だったが、「私の如きは、お歳暮を三遍も貰いに行った」こともあったらしい。（同右書）

暮の十日頃に「総裁、お歳暮」と云うと、にこ〳〵笑って百円一枚位くれたものである。それで事足りたものである。ところが、一番最初貰ったお歳暮は使ってしまって二十日頃にお歳暮を貰いに行くと「この間やったじゃないか」「使ってしまいました」。するとにこ〳〵笑って百円位のお歳暮を呉れる。いよ〳〵最後は暮の二十九日頃に行った。これが本当の年越しの金になった訳だ。そうすると総裁は「お歳暮を何度もって行った」などというような事を云ってからかわれた。（同右書）

その優しさに惚れ込んだ大野は、原のためなら「いつでも馬前に死す」という覚悟で仕えた（『大野伴睦回想録』）。そんな原が東京駅で刺殺されたのは一九二一（大正一〇）年一一月四日のことだった。政友会京都支部大会に赴くため、東京駅の改札口に向かっていたところ、中岡艮一《なかおかこんいち》という一八歳の鉄道員に右胸を短刀で刺されたのである。ほぼ即死、享年六六であった。

かつて原は大野に「大野君、活字がこわくて政治はやれんよ」と語っていたという（同右書）。中岡は犯行動機について「政府の施政が良くないと感じました、それ等は新聞雑誌等に依って知りました」と自供している（「東京朝日新聞」一九二一年一一月一四日夕刊）。「活字がこわくて政治はやれん」と言っていた原が、奇しくも新聞記事に書かれてあることを信じ込み殺意を抱いたという人物に殺害されたことは、大野の言葉を借りれば、まさに「運命の皮肉」である。（『大野伴睦回想録』）

ようやく日本の政党政治が開花しようとしていた時に原が斃れたことは政友会にとってもショックは大きく、大野も深い悲しみに打ちひしがれた。そして同時に政治家としての道を歩むことが、いかに厳しいものであるかを心に刻み、自らも、その厳しい道へと突き進む決意を固めるのであった。

第2章　東京市政から国政へ

東京市会議員に

北里柴三郎の後押し

大野伴睦の「伴睦」という名前は一般に「ばんぼく」と呼ばれるが、これは通名で、本名は「ともちか」という。「ばんぼく」と名乗るようになったのは、かつて原敬から「トモチカというのは新派役者みたいじゃないか。バンボクと音よみにした方が、重々しくて政治家らしい。どうだこれからバンボクと名乗れ」とアドバイスを受けたことに始まる（『富有集』）。以来、大野は原の命名による「ばんぼく」で通した。

ある日のこと、貴族院交友倶楽部のメンバー・北里柴三郎《きたざとしばさぶろう》から大野に対し、司法大臣、もしくは文部大臣の「秘書官にならんか」との誘いがあった（『大野伴睦回想録』）。北里は日本にける「細菌学の父」と称される人物である。政治家になるためのステップアップとしては、願ってもないチャンスだが、大野は北里からの要請を突っぱねてしまう。

「ご親切は有難いのですが、酒は飲む、芸者は買う、おまけにカケごとが好きという私が、司法大臣や文部大臣の秘書官には向きません」

「それでは鉄道大臣ではどうか。酒や芸者は鉄道ならかまわんだろう」

「それもお断りします。秘書官となれば、大臣の家庭に出入りして奥さまや坊ちゃんのご機嫌をとらねばなりません。それは私の苦手なので――」

ここで北里の雷が落ちる。

「書記長をいつまでやっていても、君のためにならんと思うから、いろいろ心配しているのだ。一体、君はなにになるつもりだ」

「はい政治家です」

「それなら秘書官になった方が、都合がいい」

「私の田舎は岐阜の山奥です。秘書官になっても余り効果がありません。それより市会議員になった方が……。しかし金も地盤もないので困っております」

「金ぐらいつくってやる」（同右書）

こうして、大野は東京市会議員選挙に芝区から出馬することを決断した。ところが大野には公民権がない。当時の市会議員の被選挙権は、納税額の多少に応じて一級と二級に分ける等級選挙制が採用されており、そもそも税金を支払っていなかった大野は立候補すらできない状況にあった。そこで、同じく交友倶楽部の水野錬太郎《みずのれんたろう》から便法を教授してもらい、二年間の滞納分を一度に納め、辛うじて被選挙権を獲得したのであった。

政友会は政権与党とはいえ、当時の高橋是清《たかはしこれきよ》内閣は混迷を極めていた。一九二一（大正一〇）年一一月、原敬暗殺後、元老の西園寺公望による発案で、大蔵大臣から横滑りする形で、後継首相、そして政友会総裁となった高橋だったが、「政友会では新参」であり、統率力に欠けていた。（『日本の近代5』）

しかも、原内閣の頃からの懸案事項だった内閣改造問題に関し、高橋、逓信大臣の野田卯太《のだうた》郎《ろう》、法制局長官の横田千之助《よこたせんのすけ》といった改造推進派と、内務大臣の床次竹二郎《とこなみたけじろう》、文部大臣の中橋徳五郎《なかはしとくごろう》、鉄道大臣の元田肇《もとだはじめ》、農商務大臣の山本達雄《やまもとたつお》といった反対派との抗争が続いていた。なかでも「原の懐刀《ふところがたな》」として期待され「政友会の次期総裁候補としてみなされる有力者」であったにもかかわらずポストを逃した床次からは「執拗に妨害」を受け、高橋は右往左往するばかりであった。（『大正デモクラシーと政党政治』）

政権中枢が内輪揉めをしていては、とても政友会本部に応援依頼はできない。そのため、選挙戦では、北里が交友倶楽部の鎌田栄吉《かまたえいきち》と揃って推薦人となり、選挙資金の工面に加え、地盤固めにも奔走した。鎌田は当時、慶應義塾の塾長でもあった。北里は、「大野を僕の身代りとして出すのだから落としてくれるな」と、芝区医師会のメンバーに訴え、その結果、「お医者さんの絶大なる後援を得る事が出来た」という。（『伴睦放談』）

「偉くなったわネ」

北里の全面支援の甲斐あってか、大野は派手な選挙運動を繰り広げた。

大野伴睦氏（芝二級）が立候補を宣すると今迄余り名も聞いた事のない人物だ一体どこ

の何者だと探って見たが更に判らない　それも其筈当人は桜田本郷町の交友倶楽部の二階に寝泊してござる　そして入口に小さな名刺が貼ってあるだけだ　候補者が之れではと注意され此頃堂々たる標札を掲げたとやらで漸く存在だけは認められた　それから演説会を開く度に浅草から曾我廼家五九郎丈が応援に来る　それで聴衆は何時でもギッシリ　おまけに会場の入口に娘年増は申すに及ばず赤ちゃんおんぶの細君はては腰の曲った婆さん迄押すな〳〵と云ふ景気　あれが皆有権者なら大したものだと云う評判（「読売新聞」一九二二年六月二日朝刊）

曾我廼家五九郎《そがのやごくろう》（初代）は、社会風刺コメディーで一世を風靡した喜劇俳優である。無名の新人とは思えないほどの戦いぶりであったことが分かる。

一方、選挙運動中、大野は「事実は小説よりも奇なりの体験」もした（『大野伴睦回想録』）。それは新橋駅近くの日陰町一帯を戸別訪問していた時のことである。その中に間口二間ほどの洋服の仕立屋があった。店先では職人がミシンを踏んでいる。帳場では丸髷を結った女性が算盤を弾いていた。「このたび芝区から立候補する大野伴睦であります。何ぶんともよろしく」と型通りの挨拶をして背を向けると、突然、その女性が「あッ」と小声を出しながら立ち上が

り、店先に出て、大野の顔を目詰めた。(同右書)

「伴ちゃん、偉くなったわネ——」

そして私の肩をポンとたたいた。瞬間、ギクッとした私もすぐ思い出した。思い当るどころではない。

「おお、君だったのか。これはまた立派な奥さんになったものだなァ」

「ええ、おかげさまで。職人の一人、二人も置けるようになりました。この近くのつき合いも、どうやら欠かすこともなくその日を送っています。伴ちゃんのため、せいぜいご近所に投票をお願いしておきますよ」

私とおかみさんとのやりとりを店の職人や案内の地元の人たちがびっくりした顔つきで、こもごも見くらべていた。(同右書)

その昔、吉原遊郭通いをしていた時に大野の相手をした遊女だった。すっかり彼女に惚れ込んだ大野は、彼女が遊女を辞める際にはプロポーズまでしたという。婚約済みだったため断られたものの、大野にとっては忘れがたき女性であり、ひさしぶりの再会に感無量の思いだった。

激戦の末、大野は当初の予想を覆し、最年少の三一歳でトップ当選を果たすことができた。一九二二（大正一一）年六月のことである。当時は衆議院議員との兼職が認められており、小石川区では一級の鳩山一郎《はとやまいちろう》（現職）、牛込区からは二級の三木武吉《みきぶきち》（新人）も当選している。

関東大震災

大野が喜びにひたっていた翌々日、結局、統率力に乏しい高橋は事態収拾を図ることができないまま、「予は内閣不統一の責を負ふ」としてわずか半年余りで総辞職し、同時に政友会は中橋、元田に加え、木下謙次郎《きのしたけんじろう》、田辺熊一《たなべくまいち》、田村順之助《たむらじゅんのすけ》、吉植庄一郎《よしうえしょういちろう》を「内閣瓦解の禍因を作った」として除名処分とした（「東京朝日新聞」一九二二年六月七日朝刊）。彼らが復党するのは半年後の一二月のことだが、その後、政友会は離合集散を繰り返す。

東京市政に活躍の舞台を移した大野は、以前から親交のあった鳩山に仕えた。鳩山との出会いは大野が院外団員だった頃にさかのぼる。衆議院議員で東京市会議員でもあった鳩山の父・和夫《かずお》が死去し、一九一二（明治四五）年四月、それにともなう東京市会議員の補欠選挙が行なわれた。鳩山は、和夫の後継として出馬することとなり、その選挙運動の手伝いをしたのが最初であった。当時の衆議院議員選挙法における被選挙権は満三〇歳以上だった。二八歳の鳩山は立候補できない。そこで、まずは市制において被選挙権が満二五歳以上とされている市会議員となり、年齢が達してから国政を目指すことにしたのである。これを機に二人は昵懇《じっこん》の仲となり、大野の初陣に際しても鳩山は資金面での協力を惜しまなかった。大野は子分として親分の鳩山を支えた。

加藤友三郎《かとうともさぶろう》が首相在任中に逝去し、八日後の一九二三（大正一二）年九月一日、「東京全市火の海」と化した関東大震災が発生した（「東京日日新聞」一九二三年九月二日朝刊）。山本権兵衛が大命降下を受けて間もなく、組閣最中の出来事だった。地震が起こった時は、外務大臣の内《うち》田康哉《だこうさい》が首相臨時代理として急場をしのぎ、二日夜に第二次山本内閣が正式に誕生した。最初に取り組むべきは関東大震災からの復旧である。

この時、大野は交友倶楽部の事務所内にいた。南佐久間町方面から上がった火の手が猛烈な勢いで襲ってくるのを見た大野は、柳行李《やなぎごうり》一個を背負いながら幼い長男・直《ちょく》の手を引き、妊娠九か月の妻・君子は生活用品をバケツに入れ、人の群れに紛れないよう、やっとの思いで日比谷公園に逃げ込んだ（『大野伴睦』）。その後、近くにあった衆議院議長官舎の庭内に避難し、二人を残して大野は「市会議員として職責上救護活動に挺身しなければ」と東京市役所へ急い

だ。（同右書）

三日ばかり経って妻子のところに戻った大野は、その足で今度は白金三光町にある貴族院議員・成清信愛《なりきよのぶえ》の別邸に移った。大野一家の様子を知った成清が別邸内の離れを提供してくれたのである。君子は翌月、ここで次男を出産する。成清の好意に報いるため成生《しげお》と命名したのであった。

国政への初挑戦

それから四か月近くが経った一二月二七日、虎ノ門外において、皇太子裕仁《ひろひと》親王が、難波《なんば》大助《だいすけ》なるアナキストに狙撃されるという事件が起こる。いわゆる虎ノ門事件である。これにより翌年一月七日、山本内閣は引責による総辞職を余儀なくされ、組閣大命は枢密院議長の清浦奎吾《きようらけいご》に下り、貴族院の最大会派である研究会を中核とする超然内閣が新たに誕生した。加藤、山本に続く非政党内閣であり、「三度続けて政権は政友会を素通り」したのであった。

（『日本の近代5』）

これに対し、加藤高明率いる憲政会と犬養毅率いる革新倶楽部は、再び政党内閣に引き戻すべく憲政擁護の名の下に清浦内閣打倒を唱え、民衆からの支持を得ようと、第二次憲政擁護運動を展開していく。一方、衆議院で絶対多数を擁しながらも政権政党の椅子を逃した政友会では、「清浦から与党になることを求められる」も（『大正デモクラシーと政党政治』）、憲政の常道から「清浦内閣との対決」を主張するグループと、しばらくは静観し「もう一度待つべきだ」と主張するグループとに意見が割れて内紛を引き起こした。（『日本の近代5』）

結局、妥結に達せず、総裁の高橋は憲政擁護運動に加わって憲政会、革新倶楽部と護憲三派を組み、これに反発する床次、中橋、元田、山本たちは政友会を脱党し、残留組一二九人をしのぐ一四九人で政友本党を旗揚げした。その中の一人が鳩山であった。政友本党は清浦内閣において閣外協力という形で政権与党となり、政友会と対峙した。大野も当然、鳩山と一緒に政友本党に移った。

清浦内閣は当初より護憲三派の攻撃に遭った。痺れを切らした清浦は内閣発足から一か月にも満たない三一日、衆議院解散の挙に出る。関東大震災の被災により選挙人名簿の調整に時間を要するため、投票日は三か月先の五月一〇日に設定され、事実上の任期満了選挙となった。そして、この選挙戦に大野は政友本党公認で郷里の岐阜三区から名乗りを上げる。三四歳での国政選挙への初挑戦であった。

大野が出馬する岐阜三区（稲葉郡、山県郡）には、憲政会の現職である武藤《むとう》嘉門《かもん》がいた。武藤は家業の酒造業を中心に、数多くの事業を営む岐阜経済界の重鎮である。武藤陣営は最初から楽勝ムードにあった。そこで政友本党は、武藤に一泡吹かせようと大野を擁立する。当時は小選挙区制であり、大野と武藤との一騎打ちとなった。

選挙資金も不十分で運動員も少ない中、大野は辻立ち一本槍で選挙区内を駆け回る。現職の壁は厚く、惜しくも敗北を喫したが、この選挙戦は大野にとって「帝国議会の檜舞台に立つ大きな試金石」となったのであった。(『大野伴睦』)

全体では憲政会が一五一議席、政友会が一〇〇議席、革新倶楽部が三〇議席を獲得したのに対し、政友本党は改選前議席から三三議席減の一一六議席に止まり、中正倶楽部は四二議席、実業同志会は八議席、無所属は一七議席という結果で、護憲三派が圧倒的勝利を収めた。これにより清浦内閣は退陣、代わって元老の西園寺による推薦で、憲政会の総裁である加藤を首班に護憲三派内閣が発足した。下野した政友本党は陣容を整え、床次を総裁に再出発することとなった。

鳩山側近

漁夫の利

落選した大野は再び東京市会議員としての職務に戻り、関東大震災からの復旧に努める一方、鳩山一郎の側近として頭角を現していった。鳩山は当時を振り返り、次のように述べている。

当時、私は代議士にもなっていたが、八十八名の市会議員のうち、われ〳〵の政友会は十二人しかいなかった。ところが、大野君は、その十二名の一人として大活躍をし、私をとう〳〵議長に当選させてしまった。大野君の政治的手腕が認められたのは、この時からであったと思う。(『鳩山一郎回顧録』)

一九二四(大正一三)年秋頃から東京市会は柳沢保恵《やなぎさわやすとし》の後任議長問題に揺れていた。最有力は近藤達児《こんどうたつじ》と津村重舎《つむらじゅうしゃ》で、それぞれ激烈な議長職争奪戦を繰り広げていた(「読売新聞」一九二四年一二月二三日朝刊）。鳩山と大野の新交会は少数会派のため、議長のポストを奪うことは現実的に不可能だった。ところが、この状況を大野は、鳩山を議長にするチャンスと捉え、手練手管の限りを尽くす。

近藤陣営と津村陣営が手を組んで一本化を図ることがないよう争いを激化させ、漁夫の利で鳩山を議長に据えるという妙策である。大野は、近藤陣営、津村陣営の折衝役と別々に会い、新交会として協力する旨を約束して、土壇場まで双方に期待を持たせながら対立を煽った。その結果、市会は紛糾続きで流会を繰り返した。大野の描いたシナリオ通りの展開である。いよいよ決戦の時を迎えた。大野は二人を呼んで、こう訴えた。

「事態はもうこれ以上のばす訳には行かん」「そこで、これを収拾するために、両派とも恨みっこなしに候補者を引下げてもらいたい。これだけ血みどろに争ったあとどちらが出てもまずい。市会はさらに世論の攻撃を受けることにもなる。今は、われわれは市会の権威を守るために全力をあげるべきだ」「そこで、両派はこの際、ホコを収めて、人物本位に、満場一致で議長をえらぶことにご賛成願いたい」（『富有集』）

そして、これまで胸底深く秘めて、おくびにも出さなかった鳩山の名前を出す。当然のごとく二人は大野の提案を突っぱねた。すると大野は「市会をこれ以上、紛キュウさせてまた流会できると思うか。この上の一切の責任を諸君がとっておやりになるならそれは勝手だ。だがそれは市民にとっても、市会にとっても一番不幸な事態を招来するだけだ。この際一切を水に流して鳩山君にご賛同ねがいたい」と筋の通った理屈で応酬した結果、「こりゃ、大野君に一杯食わされた。仕方ない、われわれの負けだ」と、二人を降参させてしまったのである。(同右書)

大野の作戦勝ちだった。本人も知らないところで進められた水面下での工作だっただけに、一報を耳にした鳩山は「キツネにつままれたような表情」を浮かべながらも、類いまれなる大野の巧妙な政治的テクニックに感服し、「ご苦労だった」と労をねぎらった。(同右書)

世界一周

大野にとって「市会議員時代の最大の思い出」は「世界一周をしたこと」だった(『大野伴睦回想録』)。一九二五(大正一四)年四月、関東大震災において莫大な救援物資を送ってくれたアメリカに東京市会から答礼使節を派遣することとなり、大野も、その一員として加わったのである。渡米に際し、鳩山から「米国だけではもの足らんよ。思い切って欧州でも歩いて来たらどうか」とのアドバイスを受けた大野は、「近代日本資本主義の父」こと渋沢栄一《しぶさわえいいち》に資金協力を仰ぎ、さらに言い出しっ屁の鳩山、渋沢を紹介してくれた床次竹次郎をはじめ、手あたり次第にカンパを依頼し、「米一升が三十銭くらいの時代。一万円もあれば世界一周が出来る」というのに、約二万三〇〇〇円もの大金を集めたらしい。(同右書)

大酒飲みの大野にとって、当時、禁酒法が施行されていたアメリカは相当に堪えた。夜な夜な日本から持ってきたアルコールを宿泊先の自室で息を潜めながら飲む始末である。

そこで大野は、ナイアガラの滝を見学中、こんなパフォーマンスを披露した。アメリカとカナダの国境をまたぐ橋梁の真ん中に駆け寄り、片足をカナダ側に踏み入れ、ボストンバッグに忍ばておいたビール瓶を取り出す。何をしでかすかと思いきや、「諸君、アメリカとカナダをまたにかけてビールを飲むぞ。片足は禁酒国でないカナダにあるのだから、米国の巡査も捕えるわけにいくまい」と叫んでラッパ飲みを始めたのである(同右書)。大野らしい茶目っ気たっぷりの憂さ晴らしに使節一行は腹を抱えて大笑いする一方、国境警備にあたる巡査たちは目を丸くしながら、その姿を見詰めていたという。

約四〇日間の滞米日程を終えた大野は、使節一行と別れ、イギリスに向かった。船中で大野は東條寿《とうじょうひさし》という航空機技術者と出会った。イギリスの航空機工業視察に向かう途中だという。

東條英機《とうじょうひでき》の実弟だった。陸軍一筋に軍歴を積み、のちに首相となる英機と異なり、寿は大阪高等工業学校造船科卒業後、兵庫県神戸市にある川崎造船所に入社し、艦艇技術者を経て航空機技術者に転向したという経歴を持つ。二人はすぐに意気投合した。

イギリスからドイツ、フランスを回った大野は、地中海を通ってインド、シンガポール、香港、上海の港々に立ち寄り帰途に就いた。帰りの船内でも偶然、寿に遭遇した。再会を喜び合った二人の交流は帰国後も続く。

その年の暮れ、護憲三派の崩壊により、床次が政友会の孤立を図ろうと敵対関係にある憲政会との提携を画策したことが原因で、それを不満とする鳩山たちは政友本党を離党し、一九二六（大正一五）年一月一五日、新たに同交会を結成した。それからしばらくして加藤高明が現職首相のまま急逝し、後任として内務大臣の若槻礼次郎《わかつきれいじろう》が憲政会総裁に就任すると同時に大命降下を受ける。これにより、鳩山を中心とする同交会の大多数が政友会に復党し、もちろん大野も鳩山に従い古巣に戻った。

六月には東京市会議員の改選を控えていた。大野は再選を目指し、同じ芝区から二級で立候補する。ところが、たび重なる党籍変更が有権者の批判を招き、落選の憂き目に遭う。しかし、いつまでも東京市政に恋々としているわけにはいかない。折しも、一九二五（大正一四）

年三月に衆議院議員選挙法の改正により、満二五歳以上のすべての男子に選挙権が付与される男子普通選挙制が実現し、選挙制度も小選挙区制から中選挙区制に変更したこともあり、大野は中央政界入りを目指して、故郷での地盤強化に力を入れることにした。

東京市会議員選挙の少し前、大野は白金今里町にある藤山愛一郎《ふじやまあいいちろう》が所有する二階建ての小さな借家に引っ越した。藤山コンツェルンの御曹司である藤山は、その後、東京商工会議所、日本商工会議所の会頭となり、戦後は民間人として外務大臣に就任し、間もなく国政入りを果たす。

大野伴睦さんとは、私の敷地の一角にあった賃家に住んでいた関係もあって、とくに親しかった。「家賃をとどこおらせたことないんだから表彰してくれ」などと冗談をいわれたこともある。(『政治わが道』)

のちに藤山はこう語っている。君子は、この借家で三男・伴雄《ともお》を出産した。

大野はわずか一期足らずで市会議員のポストを手放した。だが、関東大震災において、被災者の救護や復旧に向けた計画の立案実施に尽力したことが評価され、東京市名誉職員勤労表彰規定により「終身現任市会議員ト同様ノ待遇」を受けることになる（『東京市例規類集』）。「満八年以上」という勤続年数のルールを破っての表彰は前代未聞であった。

再び敗北を喫す

一九二六（大正一五）年一二月二五日、大正天皇が崩御すると、皇太子裕仁親王が践祚《せんそ》して昭和に改元された。政友会では、高橋是清の引退により、新たに田中義一《たなかぎいち》が総裁となり、第一次若槻内閣が昭和金融恐慌への対処を誤り潰《つい》えると、代わって一九二七（昭和二）年四月、元老の西園寺公望と内大臣の牧野伸顕《まきののぶあき》による推挙で田中内閣が発足した。

しばらくすると今度は田中内閣に対抗する形で若槻内閣の与党であった憲政会と政友本党が合併し、浜口雄幸《はまぐちおさち》を総裁とする立憲民政党が誕生する。田中は少数与党を率いて政権運営に臨むこととなった。

一九二八（昭和三）年一月、民政党の内閣不信任決議案提出に先立ち、田中は衆議院を解散し、日本で最初の普通選挙に突入する。大野の選挙区だった岐阜三区は一区に編入され、稲葉郡、山県郡《やまがたぐん》に加え、岐阜市、武儀郡《むぎぐん》、郡上郡《ぐじょうぐん》が入り、定数は三人となった。チャンス到来である。

この頃、大野は鳩山から小林徳一郎《こばやしとくいちろう》なる快男児を紹介された。小林組という土建会社のオーナーで、朝鮮で金山や炭山《たんざん》を営んで巨万の富を築き、出雲大社の大鳥居、肥後本妙寺の山門を寄進した篤志家《とくしか》としても知られる傑物だった。大野といえば、のちに、自分が寅年生まれだったこともあって虎の骨董品収集を道楽とするが、それは小林から李朝伝来という黄金色の虎の置物をもらったことに由来しているらしい。

虎の置物に埋め尽くされた自邸の応接間。右は妻・君子（『大野伴睦』）

　小林は衆議院解散から数日後、大野に電話し「立候補をなさるそうですね。門出を祝って赤坂で飲みましょう」と言って上京し、「先生、選挙費用の一部に使って下さい」と、一万円もの大金を置いていったという（『聞書小林徳一郎翁伝』）。大野は、これを選挙運動の原資として選挙戦に挑んだ。しかし、天は大野に味方せず、再び苦杯をなめさせられた。

　この選挙で政友会は二一八議席、野党第一党の民政党は二一六議席と、いずれも過半数に達せず、その差はわずかだったため、無産政党を含む小会派がキャスティング・ボートを握ることとなった。田中内閣の前途は以前にも増して難渋を極めた。一方、二連敗した大野は、それでも断念することなく次を目指した。

一一月に四男・明が生まれると、これまで住んでいた借家が手狭になったため、翌年春、泉岳寺にほど近い下高輪町、のちの芝下高輪町に居を構え、心機一転、新たなスタートを切った。だが、喜びも束の間、五月七日には父・直太郎が六六歳で不帰《ふき》の客となる。「今度こそと、自信をもって次の選挙を期待し、一番悦んで貰いたかった」という父の逝去に大野は強いショックを受けた。(『大野伴睦』)

三度目の正直

再々チャレンジに向けて

この頃、日本は中国大陸への関与を強めていった。加藤高明内閣から第一次若槻礼次郎内閣まで外務大臣を務めた幣原喜重郎《しではらきじゅうろう》は、アメリカ、イギリスと協力し第一次世界大戦後に形成された「ワシントン体制」をベースに国際協調推進、中国への内政不干渉を基軸とする幣原外交を展開した。

一九二一（大正一〇）年一一月から翌年二月まで、日本、アメリカ、イギリス、フランス、イタリアの五大海軍国をはじめとする九か国が参加してアメリカのワシントンにて「ワシントン会議」が開かれる。ワシントン体制とは、このワシントン会議において結ばれた中国に関する九か国条約、太平洋の安全保障問題に関する四か国条約、主力艦を制限するワシントン海軍軍縮条約の三条約によって作り出された国際秩序を指す。

一方、当時の中国は地方軍閥が割拠《かっきょ》し、文字通り四分五裂の状態にあった。そんな中、蔣介石《しょうかいせき》は中国の統一達成に向け、中国国民党の国民革命軍（北伐軍）を率いて広州から北方の地方軍閥を征討する北伐を進めた。その途上、一九二七（昭和二）年三月、南京において国民革命軍が日本人を含む外国人を襲撃するという事件が起こった。だが、幣原は報復も抵抗もせず、寛大なスタンスを採ったため、政友会は、弱腰外交との悪罵《あくば》を浴びせ攻撃した。

そこで新たに成立した田中義一内閣は、国際協調推進は維持するも、中国に限っては積極外交に切り替えた。田中は当初、駐ドイツ大使退任後、外交評論家として「幣原外交批判の急先鋒」となっていた本多熊太郎《ほんだくまたろう》を外務大臣に起用しようと考えるも「外務省内が本多ではまとまりそうもない」として、自ら外務大臣を兼摂《けんせつ》した。（『幣原喜重郎とその時代』）

やがて北伐の勢いは、上海を経て北京に迫った。そこで日本は山東省における在留邦人の保護を理由に第一次から第三次にわたって山東出兵を敢行する。この間、田中は、東方会議を開き、「蔣介石による中国の統一は妨害せず、とくに新しい権益は求めない」が、既得権益や在留邦人の生命と財産が脅かされれば自衛の措置として、これを断固死守し、併せて、満蒙（南満洲と内蒙古東部地域）における特殊権益は、北京に進出した現地の地方軍閥である奉天派総帥の張作霖《ちょうさくりん》を「積極的に援護」して、彼をコントロールしながら、その保全を図り、「日本の権益を守るだけでなくさらに発展させる」との方針を固めた。（『日本の近代5』）

ところが、一九二八（昭和三）年六月四日、張作霖は国民革命軍の北伐に抗しきれず、日本の勧告を受けて北京を撤退し、根拠地である奉天に戻る途中、日本の関東軍によって列車ごと爆破され死亡してしまう。張作霖を使って満洲地域における支配権強化を画策していた関東軍は、自分たちの意のままにならない張作霖を葬って直接支配を目指そうとしたのである。

張作霖の亡き後、満洲地域を継承したのは、その長男・張学良《ちょうがくりょう》であった。彼は日本の期待に反し、父が関東軍に爆殺されたことへの怨恨もあってか、この年の一二月、「青天白日満地紅旗」を掲げて（満洲易幟《えきし》）、蔣介石に帰順《きじゅん》し、東北軍のトップに任ぜられた。

事件処理に右顧左眄《うこさべん》する田中の対応は、昭和天皇の不興《ふきょう》を買った。田中は満身創痍、ついに一九二九（昭和四）年七月に総辞職した。関東軍による満洲事変が起こるのは、それから二年後のことだった。

田中の総辞職にともない、組閣大命は民政党総裁の浜口雄幸が受けた。一方の政友会は、田中の下では政権奪還は不可能であるとして、新たな総裁を擁立しようという動きが加速し始める。しかも、朝鮮総督府疑獄事件、五私鉄疑獄事件、売勲事件と、田中内閣の頃のスキャンダルが次々と明るみになり、政友会に対する国民の信頼は著しく失墜していった。そんな中、総辞職から三か月も経たないうちに田中が急逝する。

後継総裁には鈴木喜三郎《すずききさぶろう》、床次竹二郎の名前が挙がった。しかし、鈴木は全国的な知名度がなく、床次は政友会離党後、政友本部、民政党、新党倶楽部と渡り歩き復党したばかりで（「東京朝日新聞」一九二九年一〇月八日夕刊）、本人も「このタイミングで再び党の和平を乱してまでして手を上げようとは思わなかった。（『昭和戦前期立憲政友会の研究』）

そこで白羽の矢が立ったのが、かつて立憲国民党、革新倶楽部のリーダーとして政友会に対峙した長老・犬養毅であった。政友会と民政党による二大政党化が進む中、限界を感じて革新倶楽部を政友会に吸収させ、その後は事実上、政界から引退していた犬養だったが、尾崎行雄と並んで「憲政の神様」と呼ばれ、国民からの人気も高く、党内融和、結束を図るには適任だった。「常に若い有為の士を実権の地位に立たせて老閥跋扈の弊を防がなければ、政党は退化する」と主張し続けてきた犬養にとっては「年寄の冷水」だったが、最終的に、これを引き受けた。（『犬養毅伝』）

浜口内閣の一枚看板は第一次世界大戦後の慢性的不況から脱するための金解禁だった。金の輸出入を解除、自由化し、金を通貨価値の基準とする「金本位制」に移行するものである。金解禁当日、市場は歓迎、株価も上昇した。その勢いに乗じて一九三〇（昭和五）年一月、浜口は衆議院を解散する。この時、大野は四〇歳だった。今度こそはとの気構えで勝利に向けた櫓《やぐら》を整えるべく奔走した。

政友会非公認

大野は知人、友人を頼って三万円余を集め、残りの選挙資金は政友会からの公認料で賄うつもりでいた。公認をもらうべく、大野は政友会本部に出向いた。ところが、幹事長の森恪《もりかく》の反応は冷ややかで、検討の余地すら与えられず、まさかの出馬断念を迫られた。

「今回は現代議士の匹田鋭吉君だけを岐阜一区の公認にした。君には気の毒だが今度だけは出馬をあきらめてくれ。なにしろ民政党内閣で、内務大臣は安達謙蔵だ。猛烈な選挙干渉をするだろう。そうなれば、野党の政友会は苦戦必至だ。岐阜一区は定員三人だが、政友会から二人当選はおぼつかない。だから、いままで何回か当選している匹田君だけを公認することにした」

「幹事長、一度敗れ、二度敗れた大野が三度目に立候補出来ないとなったら、この男がすたれる。石にかじりついても今回は出馬する。もちろん、非公認は覚悟の前――」

「それは君の勝手だ。しかし選挙に金はつきものだ。どうやってつくる気だ」

「非公認で戦う私が、どのようにして金策するか大きなお世話だ」（『大野伴睦回想録』）

完全な喧嘩別れである。民政党の選挙運動を取り仕切る安達謙蔵《あだちけんぞう》は徳富蘇峰から「選挙の神様」と評さるほど選挙戦術に長けていた（『安達謙蔵自叙伝』）。森は安達の打つ手に対し、現職を優先して公認を絞り、無理をせず堅実に戦うつもりでいた（『評伝森恪』）。したがって、二回連続で落選した大野ではなく、当選回数を重ねている現職の匹田鋭吉《ひきたえいきち》を選ぶのは至極当然だった。

青筋を浮き立たせる森を睨み返して憤然として出ていった大野だったが、そのショックは大きかった。どうにかして残りの選挙資金を調達しなければ選挙戦は覚束なくなる。早速、タクシーを拾って、鳩山一郎の私邸に駆け込んだ。

血相を変えてやって来た大野の姿を見た鳩山は、申し訳なさそうに「実は大野君、党の選挙対策で今回だけは君に断念してもらうことに決り、私から君に了解を求めることになっていた。しかし、君が一生懸命に準備をしているのをみると、ついそのことを言いだせなかったのだ」と詫びを入れた（『大野伴睦回想録』）。鳩山の一言で大野もいささか怒りがやわらぐも、やはり納得がいかない。森に威勢のいい啖呵を切った以上、今さら引き下がるわけにもいかず、落選覚悟で出馬する決意であると伝えると、鳩山も理解を示し、森に内緒で選挙資金を送金すると約束してくれた。

感激のあまり大野は目に涙を溜めながら、鳩山邸を後にし、身支度を整え、岐阜一区に乗り込んだ。相対するは政友会の匹田、民政党からは現職で前々回の選挙戦を戦った武藤嘉門、同じく現職の山田道兄《やまだみちえ》と新人の清寛《きよしかん》、中立系の吉田慶治郎《よしだけいじろう》で、三議席を六人で争う構図である。

ただ、ここで厄介なトラブルが発生する。政友会から公認がとれるものと思い込んでいたため、先走って「政友会公認」の文字が入った選挙ポスターを印刷してしまっていたのである。このまま選挙区内に貼り出せば選挙違反である。しかし、印刷し直せば、その分の経費がかさむ。それに「政友会公認」の一言は有権者からの信頼、信用を得るには水戸黄門の印籠《いんろう》のごとく絶大な効果がある。

そこで大野は悩んだ末、何と「公認」の上に小さく「非」の文字を入れるという窮余の一策を講じることにしたのである。近くに寄れば「政友会非公認」、遠目からなら「政友会公認」に見える。相手陣営は問題視したが嘘ではない。

「公認返上す　糞食らえ」

それでも選挙戦は苦しかった。用意していた選挙資金も底をついた。ここまで来たら、背に腹は代えられない。大野は恥を忍んで東京宅に残った妻・君子に連絡し、「俺のもの一切とお前の着物や指環を質屋にもっていき、三千円ほど送ってくれ」と頼み込んだ（同右書）。君子は快く了承したものの、質屋の暖簾をくぐろうとした時は手足が震えたという。（『夫婦の愛情に関する三十八章』）

その後、君子から三〇〇〇円、さらに鳩山からも二万円が届いた。最初は劣勢だったものの、やがて大野優勢との噂が立ち始める。しかし、選挙は水物である。何が起こるか分からない。ここで気をゆるめてはならないと、大野は寸暇を惜しんで選挙区内を走り回った。選挙戦では有権者の同情を引こうと涙ながらに次のように訴えた。

一度破れ、二度破れ、三度もし落選する如きことがあれば、何の面目あって、郷党の人々に顔が合わされようか。頭を円めて坊主になり、南洋に移住して、再び日本の土を踏まない覚悟です。(『現代政治家論』)

もちろん当時は女性に選挙権はなかった。しかし、この泣き落とし作戦は大きな効果を発揮し、女性たちの間で評判を呼んだ。

終盤に入った頃、一通の電報が政友会本部から舞い込んできた。そこには「キカヲコウニンス　カンジチョウ」(貴下を公認す　幹事長)とあった。大野優勢と見るや掌を返したように公認を出してきたのである。大野は何を今さらと「コウニン　ヘンジョウス　クソクラエ　バンボク」(公認　返上す　糞食らえ　伴睦)と打ち返した。(『大野伴睦』)

「形勢は全く不明」の中、二月二〇日、投開票日を迎えた(「大阪朝日新聞(岐阜版)」一九三〇年二月二〇日朝刊)。結果、大野は票数の上では武藤に前々回の選挙戦の雪辱を果たし、山田、大野、武藤の順で議席を持つことができた。匹田は次点に終わった。当選の報せに大野は「今度こそはと死者狂ひの戦ひでした、当選したのは皆さんの同情のおかげです、新らしい感想もありません、たゞ国家のために、地方のために、一生懸命につくすつもりであります」と語り、喜びを爆発させた。（「大阪朝日新聞（岐阜版）」一九三〇年二月二四日朝刊）

院外團の猛者
意氣の進出
影に喜ぶ茶断ち塩断ちの女性
◇……政友會の三人男◇

大野伴睦氏

今度の總選擧で政友會の院外團から六名の當選者を出したが、その内、大野伴睦、土倉宗明、深澤豊太郎の三君が新代議士

××

大野伴睦君は岐阜縣第一區から先輩であり本部總務である匹田鋭吉君を蹴落して出て來たのだから些か氣恥しい感もないではなからうが、當人として見れば今度が三度目の立候補だから遠慮などしてゐてはそれこそ万年候補になつてしまふ、震災當時東京市會議員として親分鳩山一郎君の後楯もあり相當羽振りを利かしたものだが至つて呑氣もので、大隈内閣時代日比谷の焼打ち煽動で下獄した時、獄中で歌や川柳を鳩山デッチ上げ出獄後故原總裁に見せて『君は實に呑氣ものだ』と笑はれた位。

××

更に又市會議員として洋行中、歸國の旅費を使ひ果し、運賃先拂ひで友人が横濱まで身柄を引取りに出たなどはたしかに彼の身上を語るものである、今年とつて四十一の働き盛り、智慧もあり才覺もあるのだからこの際努力一番大成に努力するがよい。

土倉宗明氏

生ッ粋の政友ッ子で院外團生活既に二十年、武勇傳中の人ではないがその間民衆運動ではいつも先頭

大野伴睦氏

土倉宗明氏

大野の当選を報じる「読売新聞」（1930年2月28日朝刊）の記事（読売新聞社）

選挙期間中、大野は苦戦を強いられながらも、政友会の先達たる匹田に配慮し、彼の地元である郡上郡へは一歩も足を踏み入れなかった。当選後、上京した大野は君子と一緒に真っ先に鳩山邸に赴いた。「漸く当選出来ました」と伝えると、鳩山は夫妻で大野の手を握り喜んだという。（『伴睦放談』）

この選挙で民政党は二七三議席を獲得し、政友会は一七四議席と、約一〇〇議席も離されるという敗北を喫した。それ以外

は、国民同志会が六議席、革新党が三議席、諸派や中立系が合わせて一〇議席と、ほとんど「影を認めず」という形勢になった（『大野伴睦』）。政友会が苦戦する中、見事に議席を手に入れた大野と同期の初当選組は次の通りである。

近藤豊吉（北海道二区）、東条貞（北海道五区）、大石倫治（宮城二区）、片野重脩（秋田二区）、船田中（栃木一区）、上野基三（栃木二区）、中島知久平（群馬一区）、一瀬一二（埼玉二区）、野方次郎（神奈川一区）、犬養健（東京二区）、土倉宗明（富山二区）、林七六（長野三区）、深沢豊太郎（静岡一区）、太田正孝（静岡三区）、瀬川嘉助（愛知一区）、小林錡（愛知四区）、上田孝吉（大阪三区）、勝田銀次郎（兵庫一区）、三尾邦三（和歌山二区）、米田規矩馬（広島三区）、保良浅之助（山口一区）、松岡洋右（山口二区）、清家吉次郎（愛媛三区）、林譲治（高知二区）、石崎敏行（福岡二区）、佐保畢雄（長崎二区）、井上知治（鹿児島一区）、崎山嗣朝（沖縄全県区）

この年は「昭和五年」の「午年《うまどし》」であったことから、彼ら同期が集まって「昭午会」というグループを作り、社交と同時に政策研究に打ち込んだ。その後、この昭午会を足場に先輩議員も巻き込んで一九三四（昭和九）年一月、胎中楠右衛門《たいなかくすうえもん》を座長兼世話人に「政治改革の実行」を旗印にして「国政一新会」なるグループが結成された。（『国政一新論叢』第一輯）

国政に躍り出た大野は、早速、その存在感を発揮した。当時、社会大衆党にいた西尾末広《にしおすえひろ》は「当時議席の前の方に陣取ってワアワアと言葉にならない低級な野次をとばす男が二人いた。きいてみると二人とも院外団あがりで、一人は大野伴睦、もう一人は大石倫治だった」と語っている。（「最後の浪曲的政治家」）

満洲事変と日本の孤立

選挙後の四月二三日から帝国議会の特別会が始まった。その前日にはロンドン海軍軍縮条約が調印されたため、論戦のメインテーマはロンドン海軍軍縮条約に集中した。これは一月からイギリスで開かれていた「ロンドン海軍軍縮会議」を経て結ばれたもので、ここではワシントン海軍軍縮条約における主力艦の建造休止期限の延長に加え、補助艦の制限が謳われた。ただ、海軍軍令部の意向を無視して、この回訓を浜口内閣が了承したため、大日本帝国憲法第一二条の「天皇ハ陸海軍ノ編制及常備兵額ヲ定ム」という編制権を超え、第一一条の「天皇ハ陸海軍ヲ統帥ス」との統帥権を干犯《かんぱん》したとして政友会は攻撃した。

さらに金解禁の実施も、アメリカのニューヨーク証券取引所での株価暴落に端を発する世界恐慌と時期が重なったため、日本経済は深刻な打撃を受けた。「金解禁はあまりにもタイミングが悪かった。大恐慌という台風来襲中に雨戸を開けたようなもので、日本は直撃を受ける」のであった。（『浜口雄幸』）

一九三〇（昭和五）年一一月一四日、浜口は岡山県下における陸軍特別大演習参観のため東京駅に赴いた。一等車に向って第四プラットホームを歩いていたところ、一発の銃声が鳴り響く。浜口は下腹部左下を抑えて倒れ込んだ（「東京日日新聞」一九三〇年一一月一五日夕刊）。犯人は佐郷屋留雄《さごうやとめお》という二三歳の右翼活動家だった。浜口は一命を取り止めたものの堪え切れず、一九三一（昭和六）年四月一三日に総辞職、八月二六日、帰らぬ人となった。

浜口の後、第二次若槻内閣が発足した。この頃になると、徐々に軍靴の響きが高鳴る不穏な空気が漂い始めていく。そんな中で起こったのが満洲事変である。満洲地域では張学良の満洲易幟以来、排日ナショナリズムが充満し、コミンテルンのバックアップを受けた中国共産党の浸透も著しいものがあった。

九月一八日、中国奉天郊外の柳条湖で南満洲鉄道が関東軍によって爆破されるという事件が発生する。関東軍は、これを張学良率いる東北軍による暴挙として、その本拠地たる北大営を攻撃し、さらに若槻内閣による不拡大方針の声明を跳ね除けて進撃を続け、わずか四か月にして満洲全域を制圧した。これには若槻内閣も承認せざるを得ず不拡大方針は潰えた。

その後、この満洲事変の混乱が閣内不一致を招いて若槻内閣が総辞職すると、一二月、今度は犬養毅に大命降下、政友会は少数与党となった。犬養内閣は金輸出再禁止を断行し、景気対策に手を打って、満洲事変の処理を一段落させた後、年が明けた一九三二（昭和七）年一月、衆議院を解散する。選挙結果は政友会が予想を上回る三〇一議席を獲得し、大野も再選を果たした。

三月一日には、関東軍主導の下、この地に「満洲国」が建国された。やがて戦火が上海にまで及ぶと、衆議院において陸軍の上海派遣軍、在留邦人の激励をはじめとする現地視察のための慰問団を派遣することとなり、大野も、その一員として四月末から五月中旬まで、満洲、大連、上海を回った。

犬養が海軍青年将校に銃弾で撃たれたのは、彼らが帰国して間もなくのことだった。五・一五事件である。政友会では、後継総裁に鈴木喜三郎を据え、大命降下を期待するも叶わず、海軍穏健派の斎藤実《さいとうまこと》が首相に選ばれ、政党内閣は中断した。それでも挙国一致内閣を目指す斎藤は、政友会から高橋是清、鳩山、三土忠造《みつちちゅうぞう》、民政党から永井柳太郎《ながいりゅうたろう》、山本達雄を入れ重要ポストに据えた。

斎藤内閣は満洲国の建国を承認した。しかし、国際社会からの反発は強く、一九三三（昭和八）年三月、日本は国際連盟から脱退する。発足以来、常任理事国としてのポジションを占めてきた日本は孤立を深めていった。

四期連続当選

その後、斎藤内閣が帝人事件で倒れると、同じく海軍穏健派の岡田啓介《おかだけいすけ》が組閣大命を受けて首相となった。岡田も挙国一致内閣を作るべく、政友会から内田信也《うちだのぶや》、床次、山崎達之輔《やまざきたつのすけ》、民政党から町田忠治《まちだちゅうじ》、松田源治《まつだげんじ》を取り込むも、提携拒否を決めていた政友会は彼ら三人を除名し、野党的立場で岡田内閣に対峙した。この間、岡田はワシントン海軍軍縮条約の破棄、ロンドン海軍軍縮会議からの脱退に加え、天皇機関説の対応に悪戦苦闘した。

天皇機関説は憲法学の権威と謳われた美濃部達吉《みのべたつきち》が唱えたもので、日本という国家を統治権の主体と見なし、現人神《あらひとがみ》たる天皇は、その中の一機関でしかないとする学説である。政友会は、これに反発し「軍部の尻馬に乗って、機関説排撃を倒閣に利用しよう」とした（『日本政党史論』第六巻）。岡田は、これらの圧力に押される形で、天皇機関説を否定する「国体明徴《めいちょう》声明」を二度にわたって発し沈静化を図った。

そんな中、一九三六（昭和一一）年一月、政友会の提出した内閣不信任決議案が可決されたことを受けて、岡田は衆議院を解散した。選挙結果は政友会が一七五議席にまで減らす一方、民政党は二〇五議席を獲得し、昭和会の二〇議席と国民同盟の一五議席を合わせると与党勢力は安定多数となった。総裁の鈴木まで落選するという政友会にとっては厳しいものだったが、大野は堅実に選挙戦を進め、三回目の当選を勝ちとった。

盤石な政権基盤を手に入れた岡田だったが、それは一瞬でしかなかった。二月二六日、国家改造を目指す陸軍青年将校が一四八三人もの下士官兵を率いてクーデターを起こす。二・二六事件である。彼らは首相官邸をはじめ日本の中枢機能が集中する永田町、三宅坂一帯を占拠、襲撃し、岡田は間一髪で難を逃れたものの、岡田と間違われた義弟の松尾伝蔵《まつおでんぞう》（『岡田啓介回顧録』）、さらに大蔵大臣の高橋、首相から内大臣となった斎藤、教育総監の渡辺錠太郎《わたなべじょうたろう》が犠牲となった。勢い岡田内閣は総辞職し、広田弘毅《ひろたこうき》、林銑十郎《はやしせんじゅうろう》と続く。

政友会では鈴木の総裁辞任後の一九三七（昭和一二）年二月から集団指導体制が布かれ、島田俊雄《しまだとしお》、中島知久平《なかじまちくへい》、鳩山、前田米蔵《まえだよねぞう》の四人が総裁代行委員となった。だが、鳩山一人が「党人的立場を堅持」しているのに対して、残りの三人は「軍部に接近」していったため、双方の溝は深まるばかりであった。（『大野伴睦』）

しばらく経った三月末、林は衆議院を解散した。林内閣はわずかの議席しか持たない昭和会と国民同盟の少数与党のため民政党と政友会という二大政党から袋叩きに遭う始末で、与党勢力の拡大に向けた賭けに出た。

しかし、民政党と政友会はもとより、無産政党の社会大衆党が大きく躍進し、林は昭和会と国民同盟を含め四〇人前後の与党を得たのみとなった。四期目を目指した大野は終始、安定した戦いぶりを見せ、堂々の当選を決めた。この選挙結果を受け、林は総辞職に追い込まれ、かねてより国民待望の的とされた近衛文麿《このえふみまろ》に組閣大命が下るのであった。

第3章　紆余曲折の日々

翼賛選挙

大政翼賛会結成

第一次近衛文麿内閣成立から一か月後の一九三七（昭和一二）年七月七日夜、中国北京郊外の永定河に架かる盧溝橋の袂《たもと》で陸軍の支那駐屯歩兵第一連隊第三大隊に属する第八中隊が夜間の軍事演習を行なっていたところ、突如として中国側の既設陣地から銃弾が撃ち込まれ、これにより日本側と国民革命軍第二九軍との間で小競り合いが起きた。盧溝橋事件である。当初、日本は不拡大方針を採り、停戦交渉に臨むも、その後、中国側の相次ぐ軍事的挑発により、やがて宣戦布告なしに戦火を交えることとなった。

そんな中、衆議院では出征将兵を激励すべく慰問団を派遣することとなり、政友会の西岡竹《にしおかたけ》次郎《じろう》を団長に大野伴睦を含む一一人が九月半ばから一〇月上旬まで、上海、そして当時、日本が統治していた台湾を訪れた。これは表向きの名目とは別に、日中間の衝突に対する相手国、あるいは外地から見た印象を探るためのものだった。一九三八（昭和一三）年四月には、長期戦の様相を呈し始めてきた中国との戦いに対処すべく、「国防目的達成ノ為国ノ全力ヲ最モ有効ニ発揮セシムル様人的及物的資源ヲ統制運用」できる国家総動員法が公布された。これにより戦時体制の強化が図られ、いよいよ日本は国民の総力をもって戦争への道へと突き進んでいく。

一方、集団指導体制にあった政友会は混乱の極みにあった。鳩山一郎率いる鳩山派と、その鳩山が唱えた議会政治擁護を「時代にそぐわない」と批判する反鳩山派との対立である（『日本政党史』）。一九三九（昭和一四）年四月には、鳩山と二・二六事件で起訴されていた久原房之《くはらふさの》助《すけ》が組んで「正統派」と称される久原派を、中島知久平は「革新派」と呼ばれる中島派を旗揚げし、その後、それぞれ久原、中島を総裁に据え、政友会は分裂した。当然、大野は政友会久原派に入った。

この年の九月、ドイツが電撃的にポーランドに侵攻した。ドイツは、第一次世界大戦後のべルサイユ条約による領土削減、巨額の戦争賠償、加えて世界恐慌の余波に苦しむ中でヒトラー率いるナチスが権力掌握を果たし、生存圏の拡大を理由に近隣への侵略を進めていた。これに対し、イギリスとフランスがポーランドとの相互援助条約に基づきドイツに宣戦布告したことで第二次世界大戦が始まる。戦火はまたたく間に世界中に広がっていった。

一〇月、大野は、戦略物資の調達に向けた協力を要請するため、衆議院からの派遣で一〇人のメンバーとタイ（旧シャム）を訪問した。タイは日本の満洲からの撤退勧告案が国際連盟で四二対一（日本）という圧倒的多数で可決された際、唯一、棄権した国でもある。一行はバンコクを経て、当時、イギリスの植民地だったシンガポールを回った。

この間、第一次近衛内閣から平沼騏一郎《ひらぬまきいちろう》、阿部信行《あべのぶゆき》、米内光政《よないまさみつ》と続き、一九四〇（昭和一五）年七月、再び近衛が首相に就くと、挙国一致の戦時体制の確立に向けた動きが加速していく。九月二七日にはドイツの勢いに乗じて、ムッソリーニ率いるファシスト党の天下にあったイタリアを含む日独伊三国同盟を結び、続いて近衛主導で「新体制運動」が展開され、既成政党を解散させ、「従来の政党政治や議会政治ではなく、ナチスやソ連共産党のような強力な指導政党を作り上げることが必要」との気運が高まっていった（同右書）。近衛は既成政党に代わる「新しい政治力」によって「陸軍の統制、また陸海軍の一致を実現する」ことを目指したの

である。（同右書）

この「政党解消の方向に大きく振れるきっかけ」となったのが、その年の二月二日に行なわれた民政党の斎藤隆夫《さいとうたかお》による、いわゆる「反軍演説」を捉えての除名問題である（『大政翼賛会に抗した四〇人』）。「唯徒ニ聖戦ノ美名ニ隠レテ」との有名なフレーズが出てくる反軍演説に対し、陸軍が「聖戦」に対する冒瀆であると反発し、厳重なる処分を求めたことにより、衆議院懲罰委員会は斎藤除名を決め、三月七日の本会議でも賛成二九六人、反対七人、棄権一四四人で処分が確定した。

その後、除名推進派を中心に一三〇余人が参加して聖戦貫徹議員連盟が発足し、「新党は従来の自由主義的政党並階級主義的政党の観念を排し国体の本義に基き大政翼賛の国民意思を総合」して、「政府と合体協力して国民を指導すべき」との方針を打ち出した（「読売新聞」一九四〇年五月二六日朝刊）。これにより、社会大衆党、政友会久原派、国民同盟、政友会中島派、民政党と相次いで政党解体と相成って、一〇月一二日、大政翼賛会が結成された。

同文会に参加

近衛は、この大政翼賛会を「政府と表裏一体の機関なり」として、巨額の国費を投じ、その中に議会局を設けて、貴族院議員、衆議院議員の大半を押し込んだ（『民権闘争七十年』）。一二月二〇日には大政翼賛会の下に、衆議院議員四三五人が参加し、衆議院の統一会派として衆議院議員倶楽部が結成された。当初は全員が加わる予定であったが、大石倫治《おおいしりんじ》、尾崎行雄、加藤勘十《かとうかんじゅう》、黒田寿男《くろだひさお》、田川大吉郎《たがわだいきちろう》、田渕豊吉《たふちとよきち》、若宮貞夫《わかみやさだお》の七人は参加を見合わせている。

だが、やがて「議員以外の軍人や官僚出身者が幅をきかせる」ようになると、批判が噴出していった（『大政翼賛会に抗した四〇人』）。その筆頭となったのが尾崎の門弟である旧民政党の川崎克《かわさきかつ》だった。川崎は「大政翼賛会ト云ウモノハ、統治ノ大権ヲ翼賛シ奉スルモノ」だが、「其ノ統治ノ大権ヲ翼賛シ奉ル機関ハ憲法上大臣ノ輔弼ト議会ノ翼賛ト、是以外ニハナイ」と指摘し、大政翼賛会の存在を違憲と断じた。さらに「憲法上ノ疑義アル大政翼賛会」に国費を出すことを問題視し、その予算削減を唱え、修正案を帝国議会に提出した。修正案には大野や鳩山を含む旧政友会久原派二〇人、旧民政党一九人、旧社会大衆党や無所属といった一五人が賛成に回るも、圧倒的大差で否決された。

ところが、一方では、内務大臣の平沼騏一郎が、大政翼賛会を「公事結社」とし、「治安警察法ノ第一条ノ政事結社、之ニ該当スルガ如キ政治活動ハ大政翼賛会ニ於テハスベキモノニアラズ」と明言したことで、その立ち位置が極めて曖昧なものとなってしまう。当時の治安警察法では、「政事結社」であれば政治活動は可能だが「事務所所在地ノ管轄警察官署」に届けなければならず、加入条件にも制限があり、片や一種の公益団体となる公事結社の場合は、自由に作ることはできても、原則として政治活動が禁じられていた。すなわち公事結社たる大政翼賛会は、そもそも政治活動ができない、「もはや政党ではない」ものとされたのである。(同右書)

そこで一九四一(昭和一六)年四月、大政翼賛会の公事結社的性格を明確化させるため、議会局を廃止し、新たな与党系会派として九月に三二六人を擁する翼賛議員同盟を結成した。これに対し、大政翼賛会に批判的な「政党政治こそ、議会政治の本領である」とする大野をはじめ(『大野伴睦』)、芦田均《あしだひとし》、安藤正純《あんどうまさずみ》、植原悦二郎《うえはらえつじろう》、林譲治《はやしじょうじ》、星島二郎《ほししまにろう》といった旧政友会久原派を中心に、旧民政党、旧社会大衆党の三五人が参加して、一一月に野党系会派である同交会が発足する。数日遅れで鳩山と尾崎も加わり三七人となった。安藤は当時の様子について、次のように語っている。

政友会系の少数の同志は、『国政調査会』をつくって衆議院に届けた。これは二十五名に足らぬ少数で、議会の交渉団体には数に不足があった。恰かも民政党系の中にも、川崎克君等の極めて少数の同志があり、また社大党の片山哲君等とも話し合い、十六年十一月中旬に『国政調査会』を発展して、『同交会』という議会交渉団体をつくり、事務所を山王ホテルに置いた。『同交会』は主軸は政友会系の少数分子だが、尾崎翁の如き純無所属の長老があり、片山、鈴木の如き社会党系の人があり、木檜、工藤の如き民政党系の人があり、岡崎憲の如き労働系の人があり、一種の混合団体だった。然し大政翼賛会に反対し、軍国主義に反対し、官僚財閥に反対し、議会政治の復活と平和主義の高揚に熱意を傾倒する点で、全く意気投合したのであった。(『講和を前にして』)

同交会以外にも、旧社会大衆党の西尾末広や水谷長三郎《みずたにちょうざぶろう》、旧政友会の河野一郎《こうのいちろう》や牧野良三《まきのりょうぞう》、旧民政党の林平馬《はやしへいま》や眞鍋勝《まなべかつ》といったさまざまな出身議員二六人が興亜議員連盟を旗揚げした。さらに旧社会大衆党系八人が同人倶楽部、翼賛議員同盟主流派に反発する太田正孝《おおたまさたか》や船田中《ふなだなか》をはじめとする一一人は議員倶楽部を結成した。(『大政翼賛会に抗した四〇人』)

露骨な選挙妨害

一九四〇(昭和一五)年九月、日本のフランス領インドシナの北部進駐に続いて、翌年七月の南部進駐により、アメリカが在米日本資産の凍結と日本への石油輸出を全面禁止し、日米開戦が不可避となったところで、近衛は東條英機に丸投げする形で総辞職する。東條内閣は一一月、アメリカからの日本への最後通牒となった「ハル・ノート」を受領するも、その内容は満洲事変以来、多くの犠牲を払って蓄積してきた利益をすべて水泡に帰せしめる要求だったため、一二月八日、真珠湾攻撃に至り、日米開戦へと突入したのであった。

一九四二（昭和一七）年四月、第二次近衛内閣の時に戦時下であることを理由に一年間延長されていた衆議院議員の任期（四年）が満了を迎えるため、五年ぶりに選挙が実施されることになった。東條は、真珠湾攻撃の緒戦の戦果により「政府や軍部に対する国民の人気が高まっているこの機会をとらえて総選挙を行い、戦争完遂のため政府・軍部に全面協力する翼賛議会を確立しよう」と考えた（同右書）。そして、これを実現すべく、推薦候補を選定し、これにさまざまな便宜を図るという翼賛選挙とすることを決めた。推薦候補の人選は元首相の阿部を会長とする翼賛政治体制協議会が中心となって行なった。

これに対し、同交会は「現下翼賛政治体制協議会において画策中なる議員候補者推薦制度は帝国議会における総理大臣の言明に悖《もと》り、殊さらに大東亜戦以来の一億一心の態勢を紊《みだ》り、官製議会を実現せんとする虞《おそ》れあり、吾人は憲法の精神と国家の危局とに鑑み、厳に今後の推移を監視せんとす」との声明を発し批判した（「朝日新聞」一九四二年二月二八日朝刊）。さらに中野《なかの》正剛《せいごう》の東方会、笹川良一《ささかわりょういち》の国粋大衆党、赤尾敏《あかおびん》の建国会も否定的な見解を示した。（『日本政党史』）

だが、抵抗むなしく翼賛政治体制協議会は議員定数と同じ四六六人の推薦候補を選んだ。その内訳は現職二三五人、新人二一三人、元職一八人だった。当然、大野にも推薦候補となるよう誘いが来た。確かに推薦候補になれば「軍部と警察の後押しで当選」できるが、その代わり「軍部の手先き代議士になることが一つの条件」となる（『大野伴睦回想録』）。「自由主義者の鳩山氏とあなたは交際しているが、それさえやめれば」とまで言われたが、「推薦を得るために恩義ある鳩山先生と手を切って、当選をはかることは私の良心が許さぬ」として、これを拒絶した。（同右書）

非推薦候補となれば最初から苦戦は免れない。それでも大野は鳩山への義理人情を押し通した。推薦候補には公然と便益が与えられる一方、東條内閣から目の敵にされた非推薦候補は凄まじい選挙妨害に遭った。

推薦候補に対しては、一人当り五千円、あるいは五千円から三万円の選挙資金が臨時軍事費から配られたといわれるが、逆に非推薦候補に対しては、翼賛壮年団などの激しい選挙干渉があった。議会の最長老である尾崎が、数え年八十五歳の老体であるにかかわらず、選挙戦の最中に逮捕されるということもあった。（『国会議事堂は何を見たか』）

大野も非道な圧力に苦しめられた。選挙戦は三つの議席を九人で争った。

選挙区の村の小学校で大野伴睦個人演説会を開くと、村の駐在所の巡査がきて、片っ端から出席者をメモして翌日、呼びつける。「どういうわけで大野の演説を聞きにいった。彼は非国民だ。あんなものに投票してはいかん。」これでは村の人たちがおびえて私に投票するはずがない。（『大野伴睦回想録』）

個人演説会開催の案内を記したポスターや立て看板も、いつの間にか撤去されてしまう始末で、選挙らしい選挙ができなかった。

「兄貴と僕は別だ」

選挙戦の中盤になって、突然、東條寿から大野の選挙事務所に電話が入った。東京市会議員の頃、アメリカからイギリスに向かう船内で知り合った英機の弟である。航空機技術者だった寿は、その後、川崎造船所が設立した川崎航空機工業の各務原工場所長代理を経て岐阜工場所長になっていた。岐阜工場は国家総動員法に基づく「陸軍管理工場」で、陸軍発注の戦闘機、爆撃機、偵察機、輸送機、練習機を生産していたため、寿は「陸軍の総帥、英機との私的なつながりが世間に曲解されないように」と、「部下の目にも痛々しいほど気をつかった」という。(『戦争の時代』上)

寿は、赴任以来、後援者として大野を支え、選挙のたびに、工場内に演説会場を設け、聴衆を動員していた。この日も工場の食堂を貸し切って、大野が来るのを待っていたのである。だが、大野は尻込みしていた。

「なぜ、演説に来ない」

「あんたの兄貴と反対の立場にあるんで遠慮した」

「兄貴と僕は別だ。来たまえ」

「東条内閣を攻撃するよ」

「ああ、いいとも――」（『富有集』）

大野は英機の弟が準備した演説会場で東條内閣を痛烈にこき下ろした。親友とはいえ、肉親を攻撃する大野の姿を寿は複雑な心境で見詰めていたに違いない。それでも二人の交友は、一九五四（昭和二九）年九月に寿が亡くなるまで変わることなく続いた。

結果は予想通り落選だった。「政党政治家の節を守っての玉砕」であった（同右書）。しかし、「落選はしたが胸中は最高点で当選したときのよろこびで一ぱいだった」という。（『大野伴睦回想録』）

獲得票数は九一七一票で、第三位に滑り込んだ石樽敬一《いしぐれけいいち》とは約一〇〇〇票の僅差だった。「これほどの弾圧で、よくもこの私を支持してくれた」と、感激のあまり祝杯を挙げた（同右書）。さらに、この落選は、その後の大野にとってプラスに働いた。大野の孫・泰正は、仮に当選していれば、戦後、ＧＨＱ（連合国軍最高司令官総司令部）の指令により公職追放に遭い、しばらくの間、政治活動ができなくなっていた可能性があると語る。その意味では不幸中の幸いだったとも言えよう。

この翼賛選挙は、翼賛政治体制協議会の圧倒的勝利に終わった。推薦候補の当選者は三八一人で、全体の八一・八パーセントにも及んだ。それでも非推薦候補は、露骨な選挙妨害を受けながらも善戦した。非推薦候補の当選者は八五人で、全体の一三・九パーセントだった。このうち同交会からは安藤、尾崎、そして鳩山をはじめ九人が勝利を手にし、兵庫五区では反軍演説で除名されていた斎藤がトップ当選を果たした。

一二年間にわたって維持し続けていた議席を手放すこととなった大野は、浪人生活に入った。しかし、捲土重来《けんどちょうらい》を期し、戦争の渦中にある日本の前途に最大の関心を寄せ続けた。頻繁に鳩山邸に赴き、同じく翼賛選挙で落選した鳩山門下の仲間たちと絶えず情報交換をしながら、次なる戦いに向けての下準備を始めるのであった。

焼け野原からの再出発

敗戦へ

選挙後、東條英機内閣は翼賛政治体制協議会を解散し、自らの政権基盤を強化すべく、「国体ノ本義ニ基キ大東亜戦争完遂ノタメ挙国的政治力ヲ結集シ翼賛政治体制ノ確立ヲ図リ以テ大政翼賛ノ実ヲ挙クル」ことを趣旨に、五月二〇日、言論界、経済界も巻き込んで、阿部信行を初代総裁に、新たに翼賛政治会を発足させた。そして、翼賛政治会以外の政治団体の存在を認めないという東條内閣の方針により、翼賛議員同盟はもちろん、同交会も解散に追い込まれ、唯一の政事結社となった翼賛政治会に、不敬罪で起訴中の尾崎行雄をはじめとする八人以外、推薦候補、非推薦候補問わず翼賛選挙で当選した四五八人が強制入会させられた。任意参加とされた貴族院からも四一一人のうち三二六人が加わった。

ただし、東條の絶頂期は、そう長くは続かなかった。当初こそ疾風怒濤の勢いのあった日本も六月のミッドウェー海戦での大敗以降は陰りが見え始めた。「戦局の悪化」の流れの中で「東条内閣の与党的な役割」を果たしてきた翼賛政治会内でも逆に「反東條運動」が拡散していったのである（『日本政党史』）。一九四四（昭和一九）年七月には難攻不落といわれたサイパン島が陥落したことで東條内閣は引責の形で総辞職、小磯国昭《こいそくにあき》内閣が成立した。これにともない、阿部も総裁を下り、元海軍次官で貴族院議員の小林躋造《こばやしせいぞう》が第二代総裁となった。

しかし、戦況は好転せず、この間、イタリアが無条件降伏したことで、日本は極めて不利な状況に陥り、東南アジアでも太平洋でも敗北を重ねた。一一月からはB29による本格的な本土爆撃が始まり、一九四五（昭和二〇）年三月一〇日の東京大空襲では、上空から大量の焼夷弾が投下され、火の手がまたたく間に広がり、下町一帯は灰燼に帰し、一一万五〇〇〇人以上もの犠牲者を出した。さらに二六日には「鉄の暴風」と形容される沖縄戦が始まり、一般住民の生活空間が戦場と化した。

こうした中、「戦局の重大性に鑑み」て、「不動の必勝態勢を確立するため」の「強力なる政治の具現」を訴える小磯の意向を受け（「朝日新聞」一九四五年三月三一日朝刊）、翼賛政治会は解散、元陸軍大臣の南次郎《みなみじろう》を総裁に新たに大日本政治会が結成された。しかし、大日本政治会には三五三人の衆議院議員が入会したものの、貴族院議員の大半は参加を見送り、しかも、反東條運動を先導した岸信介《きしのぶすけ》を中心に護国同志会が旗揚げされたことで、彼らが目指す一国一党とはならなかった。

四月七日、小磯内閣の総辞職により、枢密院議長だった鈴木貫太郎《すずきかんたろう》が後任首相となった。この頃になると日本の敗戦は決定的なものとなっていた。五月にはドイツが無条件降伏し、枢軸国は日本を残すのみとなった。七月二六日、連合国は日本に降伏を求めるポツダム宣言を発表した。だが、その対応に右往左往するうち、アメリカが二発の原子爆弾を投下、さらに日ソ中立条約を一方的に破棄され、ソ連が対日参戦したことにより、日本は為す術なく、ポツダム宣言を受諾することに決し、八月一五日、天皇陛下から玉音放送を通じて日本の降伏が伝えられた。

大野は敗戦の報せを三日前に鳩山一郎から聞かされていた。鳩山から、すぐに来るよう連絡を受けた大野は、東京大空襲により交通網がすべて遮断されたため徒歩で鳩山邸に向かった。鳩山は沈痛な面持ちで、呟くように敗戦の日が近いことを大野に伝えた。当時のことについて大野は次のように述懐している。

かねて覚悟はしていたが、私もこれは容易ならざる事態になったと直感した。先生のすすめもあり、とりあえず岐阜に向った。地元の同志を集め、こっそりこの事態を知らせたのだ、誰一人として信用しない。当時の日本人としては無理もないことだった。一億玉砕を覚悟していた当時だから——。(『大野伴睦回想録』)

日本自由党結成

八月一六日、東久邇宮稔彦王《ひがしくにのみやなるひこおう》に大命降下、翌日、皇族内閣たる東久邇宮内閣が発足した。「超非常の大危機」が皇族である彼の権威を必要とした(『戦後日本政治史』上)。以降、日本は約六年半余にわたり、GHQの占領統治下に置かれる。

運命の日からしばらく経って、大野は満員の復員列車に乗り、軽井沢の別荘にいる鳩山を訪ねた。焦土と化した日本を、どう再建すべきか、鳩山の考えを聞くためだった。「これからは国民全部の力を結集することが、なによりも大切だ。国民の力、すなわち政党の力だから政党政治の復活をはかりたい」と語る鳩山に大野は共鳴し(『大野伴睦回想録』)、政党政治の立て直しに向け動き出す。

二二日、軽井沢を下りて上京した鳩山を芦田均、安藤正純、植原悦二郎、北玲吉《きたれいきち》、星島二郎、牧野良三、矢野庄太郎《やのしょうたろう》といった面々が待ち受けていた。前々から「政党を作るならいっそ戦前の無産政党的勢力もふくめた進歩的な一大政党を作ったら」と考えていた鳩山は、当時、旧社会大衆党の西尾末広、水谷長三郎と一緒に新たな社会主義政党の結成を計画していた平野《ひらの》力三《りきぞう》にも連絡し面会を求めた(『鳩山一郎回顧録』)。平野は鳩山の要請に応じ、二五日、銀座の交詢社《こうじゅんしゃ》で会合を持った。平野側は、西尾、水谷も同席した。鳩山と彼らは戦時中、互いに手を組んで東條英機に対峙したこともあり、一脈相通ずるものがあった。一方の鳩山側は、芦田、安藤、植原、そして大野が陪席した。

「敗戦という非常事態から立ちあがって、日本を再建しようというのだから、お互いに協力して、新政党をつくりたい」と植原が口火を切る（『西尾末広の政治覚書』）。しかし、社会主義政党の結成を決意していた彼らの反応は今一つだった。確かに、仮に一緒になったとしても、そう遠くないうちに瓦解することは目に見えていた。業を煮やした西尾が「われわれ指導者同士は、大人だから大局的に考えてあるいは協調できるかも知れないが、お互いの背後にいる多数のものを同調させることは、なかなか困難であると思う」と述べたところで、鳩山が「結局、諸君と自分たちとは育ちが違うから、一緒にやることは無理だろうな」と応じて打ち切りとなった。（同右書）

そこで鳩山は、まずは身内だけで自由主義政党を作ることにした。戦災により四方八方に離散した仲間を集めるのは容易なことではなかったが、会合を重ねるたびに参加者が増えていった。さらに鳩山は言論界や経済界にも協力を依頼し、「民主主義と自由経済を以て国政の大本とする」ことをモットーに、宣言、綱領、基本政策、党則の内容を詰め、党名は「日本自由党」とすることとした。（『鳩山一郎回顧録』）

結党大会は一一月九日、約五〇〇〇人を集めて日比谷公会堂で開かれた。初代総裁には鳩山が就任、四三人の現職の衆議院議員が参加した。ただ、大野としては議席のない悲しみがひしひしと身に迫る思いだったという。

その一週間後には、これに触発されてか、旧民政党系の前田米蔵と旧民政党系の町田忠治を中核に、日本自由党に対峙する形で日本進歩党、一か月後には、この日本自由党と日本進歩党の中間を行く日本協同党が結成される。さらに、鳩山との協力を断念した西尾、平野、水谷も、浅沼稲次郎《あさぬまいねじろう》、河野密《こうのみつ》、三宅正一《みやけしょういち》といった日本労農党系に加え、加藤勘十と鈴木茂三郎《すずきもさぶろう》を中心とするマルキシズムに立脚した日本無産党系まで巻き込んで日本社会党を旗揚げした。

間もなく、日本自由党にとって最初の関門がやって来た。一〇月九日、東久邇宮内閣から幣原喜重郎内閣に交代して二か月後、衆議院が解散され、翌年一月下旬を目途に大日本帝国憲法の下での最後の衆議院議員選挙が行なわれることとなった。ところが、解散の翌日、ＧＨＱは選挙延期の指示を出す。表向きは男女平等を柱とする衆議院議員選挙法改正の検討のためとされたが、実際は、この後に出される「公職追放令の準備を進めていたことが延期の理由であった」といわれている（『戦後政治史』）。結局、選挙は四月一〇日となった。

日本自由党は松野鶴平《まつのつるへい》を筆頭に、幹事長となった河野一郎、安藤、大久保留次郎《おおくぼとめじろう》、星島、牧野、そして大野が昼夜兼行で作戦を練り、鳩山も全国遊説に回りながら、地方支部を組織し、着々と選挙戦に向けた櫓を組んでいった（『講和を前にして』）。ところが、年が明けた一九四六（昭和二一）年一月四日、ＧＨＱの発した公職追放により、共産党以外の既成政党は大打撃を受ける。前回選挙において翼賛政治体制協議会の推薦候補として当選した三八一人全員が、その対象となったため、特に彼らの大部分を占めていた進歩党は壊滅状態に陥った。日本自由党も四三人のうち三〇人を失った。

四月の選挙は大選挙区制が採られた。大野の選挙区は岐阜全県区で、定数一〇人に対し三三人が出馬した。大野は本拠地である山県郡と武儀郡を堅守して、第六位で当選し、見事、再起を果たした。全体では、鳩山率いる日本自由党が一四一議席、幣原内閣を支持する進歩党が九四議席、社会党が九三議席、協同党が一四議席、共産党が五議席、諸派が三八議席、無所属が八〇議席という結果だった。

日本自由党は第一党にはなったものの、過半数に達しなかったため、同じ保守系の進歩党との連立政権を目指した。一方、幣原は進歩党に入って自らを首班とする連立政権を画策した。しかし、その「非立憲態度」に批判が噴出し、倒閣運動が起こったため総辞職を決意した。

（『大野伴睦』）

日本自由党幹事長

後継首班奏薦《そうせん》の責任を負う立場にあった幣原は、最終的に鳩山を推すこととした。ところが、大命降下の連絡を待っていた鳩山のところに、GHQから公職追放の指令が届く。日本自由党内に衝撃が走った。中でも、これを「左翼の陰謀」と見た大野は義憤に駆られ、「謀略の臭気に満ち満ちた政界にいても立派な政治は行なえない」と、引退まで考えた(『大野伴睦回想録』)。しかし、鳩山は、これを許さなかった。普段は穏やかな鳩山だったが、この時ばかりは語気を強め「僕が追放されたといって、君が代議士を辞めるのはどういう理由か。なぜ僕の屍を乗り越えて日本自由党のために尽くそうとしないのだ」と大野を叱り飛ばした(同右書)。この鳩山の心意気に胸を打たれた大野は日本自由党のために働くことを決意する。

鳩山は自らの後継として、旧政友会の古島一雄《こじまかずお》に白羽の矢を立てたが、高齢を理由に拒否され、続いて元宮内大臣の松平恒雄《まつだいらつねお》にあたるも交渉が難航し、外務大臣で貴族院議員の吉田茂《よしだしげる》を、まず日本自由党の総務会長に招聘《しょうへい》、その上で新たな総裁に充てることにした。「徹底した代議士嫌い」の吉田は当初、鳩山の要請に対して、なかなか首を縦には振らなかった(同右書)。だが、最終的に吉田から出された以下の約束を呑むことで了承を得た。

金はないし、金作りもしないこと、閣僚の選定には君は口出しをしないこと、それから嫌になったら何時でも投げ出すこと。(『回想十年』第一巻)

五月一六日、吉田は幣原の奏薦を受け、大日本帝国憲法下で最後となる組閣大命を拝し、二二日、日本自由党と進歩党との連立政権による第一次吉田内閣を発足させた。それにともない、大野も六月四日、鳩山の配慮で内務政務次官となった。

それから間もなくのことである。内務政務次官就任祝いの宴会中、突然、鳩山から電話が入り、幹事長の河野までもが公職追放に遭ったため、その後任を引き受けるよう依頼されたのである。あまりに突然のことで、さすがの大野も動揺したが、さり気なく「承知しました」とだけ伝え受話器を置いた。（『大野伴睦回想録』）

大野は吉田と一面識もなかった。しかし、幹事長は首相たる総裁に代わって日本自由党を預かる立場にある。言わば分身といっても過言ではない。大野は早速、吉田を訪ねた。これが初対面である。大野は吉田に向かって、こう言い切った。

「私は幹事長として、総裁のご用は何でもおおせ付け下さい。必ず忠勤を励みましょう。ただ、お断わりしておきますが、私は鳩山一郎の直系ですから、総裁の子分になるわけには参りません。しかし、今日は鳩山先生が追放された以上、その後継者として総裁に出来る限り仕えるつもりです」（『大野伴睦回想録』）

吉田は「それで結構です」と応じ、笑みを浮かべた（同右書）。「代議士嫌いの外交官出身総裁」と「官僚嫌いの党人派幹事長」による二人三脚が、ここに始まった（「日本国の参謀」）。吉田は党人としては新米である。そのため、大野の幹事長としての業務の大半は吉田の子守り役だったという。

食料不足とインフレの進行、さらにストライキの頻発により、吉田は厳しい政権運営を強いられた。のちに吉田は「経済問題や労働問題を担当している閣僚達も、次から次と起ってくる問題に、まともに取組んで苦労はしているものの、いささか奔命に疲れているという感がないでもなかった」と当時を振り返っている。（『回想十年』第三巻）

日本自由党中央機関紙『再建』創刊号（筆者所蔵）

窮地に立つ

「左派を切って欲しい」

そんな中、一九四七（昭和二二）年二月、ＧＨＱの意向を受け、吉田茂は衆議院を解散し、五月三日の新憲法施行を前に、衆議院議員選挙と初の参議院議員選挙が行なわれることとなった。選挙戦に向けた動きが活発化する中で、協同党は協同民主党を経て、前回選挙後に発足した国民党と一緒になり、三月に国民協同党を結成、さらに吉田の政権運営に不満を持つ芦田均が日本自由党を離れ、進歩党との合併により民主党を結成した。

この選挙から中選挙区制が布かれた。岐阜全県区は二分され、大野が立つ岐阜一区は岐阜市、大垣市、選挙地盤の山県郡と武儀郡を含む一〇郡となった。定数は五人で一四人が名乗りを上げた。大野は政権与党の幹事長のため、十分な選挙運動はできなかったが、それでも第二位の成績で議席を守った。

この選挙で日本自由党は一三一議席となり、一四三議席を獲得した社会党に第一党の座を奪われ、参議院でも同じく社会党が四七議席、日本自由党が三八議席という結果だった。社会党は第一党になったとはいえ、衆議院では全体（四六六議席）の三分の一にも満たない。参議院でも全体（二五〇議席）の五分の一程度である。それでも大方の予想を覆すもので、社会党の躍進ぶりに誰もが驚愕した。

委員長の片山哲《かたやまてつ》は、この結果を「旧勢力に代る革新勢力台頭のあらわれ」と評し、「次の政権は資本主義から社会主義へ移行する性格をもった政権でなければならない」と訴え、その中心は社会党であり、社会党が「首班をとることは当然」とまで述べた（「朝日新聞」一九四七年四月二七日朝刊）。委員長として自ら首相になるという意欲を見せたのである。しかし、「未だ充分の準備ができていない、まだすべてが未熟」であることも自覚していた。（『回顧と展望』）

書記長の西尾末広は社会党に政権担当の可能性が出てきたことを知って、思わず「そいつぁえらいこっちゃぁ」と本音を漏らした（『西尾末広の政治覚書』）。日本自由党と民主党（一二四議席）が協力すれば衆議院では過半数に達する。圧倒的に保守勢力が優勢だった。片山は「首班をとることは当然」と言ったものの、西尾は国会運営に支障が出ると見て「そう簡単に、社会党が首班をひき受けるわけにはゆかない」と感じていたのである（同右書）。西尾は「野党としての経験しかもたない社会党」は、日本自由党と民主党の間に立って、キャスティング・ボートを握り、「だんだん与党としての訓練」を積んだうえで、「時機を待って、わが党が内閣を組織してもおそくはない」と考えていた（同右書）。この際、首班は現職首相の吉田に譲り、「自・民・社・国四党の挙国政権にもってゆくのがいちばん賢明な策」であるというのが「腹の中の本当の筋書」であった。（同右書）

西尾は早速、日本自由党、民主党、国民協同党との連立工作にあたった。最初は順調だった。だが、日本自由党としては、社会主義政党とはいえ共産主義的傾向が強い左派と資本主義社会の穏健な改良を唱える右派までが同居する社会党と手を組むことには少なからず抵抗感があった。西尾との交渉役は幹事長の大野であった。大野は西尾に連立政権を作る際の前提条件を出した。

「挙国一致の連立政権については、今日の閣議の機密を明日にはモスクワに知らせる分子が社会党のなかにいるので、わが党としては協力するわけにはいかない。どうしても社会党が連立を望むのなら、この容共分子である左派を切って欲しい」（『大野伴睦回想録』）

西尾には、それができないことを大野は分かっていた。押し問答が続くも、なかなか噛み合わない。西尾は最後の頼みの綱として吉田に直談判することにした。しかし、吉田の反応も冷たかった。吉田は潔く下野して、一旦、社会党に政権禅譲させても、早々に政権奪還できると踏んでいたのである。西尾は断念した。

これにより、第一次吉田内閣は総辞職し、六月一日に片山を首班とする社会党、民主党、国民協同党、参議院の最大会派である緑風会を加えた連立政権が誕生した。だが、「与党社会党が左派という名の『野党』を体内に抱え」ている状態ゆえ（『戦後史のなかの日本社会党』）、大野が予想した通り内紛続きで、政権運営は困難を極めた。民主党内でも社会党に対する不満から保守派が離党し、同志クラブが結成された。

その後、片山内閣は左派の攻勢に耐え切れず、一九四八（昭和二三）年三月一〇日に総辞職し、新たに民主党の芦田を首班とする連立政権が誕生した。一方、日本自由党は同志クラブを経て民主クラブとなった民主党の脱党組と合流し、民主自由党を結成した。吉田に仕えて一年九か月、目まぐるしい政情変化の中にあって、幹事長として日本自由党の中核を担ってきた大野は、これを機に辞任し、民自党の顧問となって裏方に徹することにした。

昭和電工事件

芦田内閣発足から間もなく、戦後最大級の汚職事件が起こった。昭和電工事件である。昭和電工は日本屈指の大手化学工業会社で、戦後の経済復興を促進するために設けられた復興金融金庫からの融資を受けるために政官界に多額の賄賂を配ったというものである。大野にとっては対岸の火事でしかない。

ところが、九月半ば、遊説で四国、関西地方を回り、京都府内の旅館にいたところを逮捕されてしまう(「読売新聞」一九四八年九月一九日朝刊)。青天の霹靂《へきれき》である。まったく身に覚えがない。

大野の容疑は、先に逮捕された元農林次官・重政誠之《しげまさせいし》から受領した二〇万円が昭和電工事件を揉み消すための請託を受けた賄賂だったというものである。しかし、それは重政による通常の政治献金であって、決して揉み消しのための賄賂ではなかった。

大野にとって臭い飯を食うのは、これで三度目である。取り調べで大野が対決する相手は東京地検の「鬼検事」として知られた河井信太郎《かわいのぶたろう》であった。河井は自白を引き出そうと言葉巧みに大野に食い下がった。しかし、大野も負けてはいない。

すると今度は矛先を変え、別の汚職事件を持ち出す。片山内閣当時、炭鉱国有化のための炭鉱国家管理法案が国会に提出された際、これに反発する炭鉱主が法案成立を阻止すべく反対議員に賄賂を贈ったとされる汚職事件があった。河井は、日本自由党幹事長だった大野にも巨額の政治資金が渡ったと見て、それを暴こうとしたのである。河井の牽強付会《けんきょうふかい》に大野も堪忍袋の尾が切れた。「私は必ず泥を吐かせてみせますよ」と、せせら笑う河井に「私は鯉は鯉でも、岐阜は長良川の清流の鯉だ。無い泥は吐きたくても吐けない」と切り返す一幕もあった（『大野伴睦回想録』）。一体、この背後には何があったのか。

当時の占領軍ＧＨＱの中に「日本政界民主化のためには大野伴睦のような古風なボス政治家を葬るべきだ」とする分子がいて、大野を追放しようとする謀略をめぐらし、最初は公職追放にしようとしたが、戦犯的事実が出て来ないので、当時の検察庁に圧力を加え、彼を昭電事件にひっかけさせた……という事情がかくされていたようである。（『派閥』）

この昭和電工事件により、大野の力は一気に低下し、次々と人が離れていった。それでも、有田二郎《ありたじろう》、神田博《かんだひろし》、村上勇《むらかみいさむ》の三人は、冤罪を信じて獄中の大野を励ました。やがて、塚田十一郎《つかだじゅういちろう》、水田三喜男《みずたみきお》も加わり、大野を慕う仲間が集まってグループが作られた。これがのちに結成される大野派の源流となった。

結局、証拠は何一つ出てこなかった。長い裁判を経て、ようやく無罪が確定したのは一九五

昭和電工事件で無罪確定（『大野伴睦』）

一（昭和二六）年一月のことだった。身の潔白が証明された日、大野は「雲晴れて睦月十日の天白し」との一句を詠んでいる。（『大野万木句集』）

その後、全国から数千通もの祝電が寄せられた。ただ、その中でも大野を泣かせたのが、老母・国枝からの電報だった。

ウレシイウレシイハハワナイテイル

第4章　保守合同に向けて

「ワンマン宰相」のアドバイザー

死に物狂いの選挙戦

大野伴睦が昭和電工事件の裁判で被告の身であった期間、国会も大きく揺れ動いた。昭和電工事件では大野以外に経済安定本部総務長官の栗栖赳夫《くるすたけお》、副総理だった西尾末広が相次いで逮捕され、一九四八（昭和二三）年一〇月、命脈尽きた芦田均内閣は総辞職し、さらには芦田本人にまで捜査の手が伸び、首相辞任後に逮捕となった。

後継内閣については、第一党たる民自党総裁の吉田茂が引き継ぐものと思われた。ところが、日本の占領政策の中心を担うＧＨＱの中枢部局であるＧＳ（民政局）が吉田再登板を阻止しようと、民自党幹事長・山崎猛《やまざきたけし》を担いで分断工作を進め、民自党内の反吉田派と社会党、民主党、国民協同党による連立政権を作ろうと画策する。世にいう山崎首班工作事件である。

絶体絶命のピンチに吉田は巻き返しを進めた。急きょ民自党の緊急役員会を開き、その席で「世間に伝わるようなことはないと信ずる。政治は人の好き嫌いによって左右されるべきではない」と主張し、両院議員総会でも「民主政治の精神に反する如き流言に対しては、毅然たる態度をもって、挙党一致して政局に処したい」と訴えた（『回想十年』第一巻）。その自信みなぎる姿に、反吉田派も面食らい、これを了とした。吉田はマッカーサーからも「私の関知しないことだ。君は君の自由にやったらよかろう」との言質《げんち》を引き出すことに成功する（『私の履歴書』）。マッカーサーは事実上、吉田首班を承認したのである。さらに山崎の盟友である益谷秀次《ますたにしゅうじ》までもが公然と山崎擁立に反対し、「（反吉田派が）他人（吉田）の女房（山崎）を寝とるようなマネはいけない」として、事態収拾に努めた。（『戦後政治への証言』）

一方、民主党は山崎首班に同意、これに社会党や国民協同党が加われば「山崎内閣」実現の可能性もあった。しかし、最終的に益谷をはじめ、仲間からの説得を受け入れた山崎が「小党分立して政情が混乱し、これ以上激しい政争を続けて行けば国民は政治を見放すだろう」との声明を発し、「一切を捨てヽ身を引きたい」として議員辞職願を提出（「朝日新聞」一九四八年一〇月一五日朝刊)、これにより民自党単独の第二次吉田内閣が発足する。

だが、少数与党のため政権運営は覚束ない。吉田は早々の衆議院解散を考えた。しかし、昭和電工事件によって国民から見放された野党陣営は「吉田に失点を重ねさせて、最も有利な時期に解散に持ち込みたい」として、これに抵抗し、その背後に暗躍するGSも、それを後押しした(『戦後政治史論』)。結局、マッカーサーが間に入り、野党陣営の面子を立てる意味で内閣不信任決議案の可決による衆議院解散というシナリオを描き、一二月二三日に解散、翌年一月二三日に新憲法施行後、初となる衆議院議員選挙が行なわれた。

民自党の選挙運動は山崎の後任として幹事長となった広川弘禅《ひろかわこうぜん》が陣頭指揮を執った。鳩山一郎直系を自認しながら、鳩山が公職追放に遭うと、掌を返したように吉田に食い込む広川を大野は毛嫌いしていた。広川は、大野が日本自由党幹事長の時、副幹事長となった。大野は乗り気ではなかったが、大久保留次郎の強い推薦もあって断り切れずに起用を了承するも、口が軽く、大野を差し置いて自分が幹事長であるかのような振る舞いを見せる。しかも、副幹事長就任に骨を折った大久保に向かって「留」とか「留公」と呼んで小僧扱いする。そのため大野とは何度も大喧嘩した。

選挙戦に臨むに際して大野は昭和電工事件で控訴中のため、自粛の意味で民自党公認を辞退し、その代わり「民自党所属」との文字だけは使うことにして、急いで地元に帰った。すると、陣営スタッフたちが広川から不届きな電報が来たと憤慨している。そこには「大野は刑事被告人ゆえ党公認に非ず」とあった（『大野伴睦回想録』）。後援者との離間を図り、あわよくば落選させようとの魂胆である。ただでさえ不利な状況の中、同じ民自党の仲間から傷口に塩を塗るかのごとき嫌がらせを受けたとなれば、断じて負けるわけにはいかない。有権者に「万一、二審で有罪となれば、老いたる母の待っている郷里岐阜には二度ともどって来ません。ハラを掻き切って、選挙区の皆様にお詫びする」と訴えながら決死の覚悟で戦いに挑んだ（同右書）。

大野の気迫に涙する有権者もいた。こうした努力の甲斐あって大野は第二位で当選を果たす。選挙後、意気揚々と上京した大野は、民自党本部で鉢合わせた広川に対し、皮肉たっぷりに「君は非情な男だな」と言い放った。（同右書）

「強いばかりが男じゃない」

この選挙で民自党は二六四議席を獲得して過半数を占めたため、誰もが単独政権を予想したものの、吉田はＧＨＱによる占領統治が、そう遠くないうちに終了すると見て、それまでに保守勢力の結集を図るべく、六九議席を確保した犬養健《いぬかいたける》率いる民主党との連立政権に踏み切り、一九四九（昭和二四）年二月一六日、第三次吉田内閣の成立を見た。だが、民主党内では苫米地義三《とまべちぎぞう》や北村徳太郎《きたむらとくたろう》の野党派と犬養や保利茂《ほりしげる》の連立派による内紛が生じ、連立派は一九五〇（昭和二五）年三月に民自党に合流して党名を自由党に改名し、一方の野党派は、その年の四月に国民協同党と一緒になり国民民主党を結成した。

民主党の連立派と民自党との合併による自由党の結成に際しては、当初、犬養の入党問題で調整が難航した。大野は、犬養の入党に断固反対を唱えた。鳩山に対する犬養の非礼、無節操を盾に総務会で怒号を発する大野の声は扉の外まで響いたという（『富有集』）。鳩山と犬養の不仲について保利は「二人の間に私的な、何かトラブルがあり、そのトラブルたるや、なかなか越えがたい不信感を双方に植えつけていたらしい」と述べているが、真相は分からない（『戦後政治の覚書』）。さらに犬養の入党が吉田の後継含みであるとの噂が流れたことも民自党内で大きな波紋を呼んだ。結局、犬養の自由党への入党は一年遅れとなった。

第三次吉田内閣発足にともない、大野は衆議院商工委員長、その後、商工省が通商産業省に改組されたことで通商産業委員長となる一方、吉田が政務、党務で過誤なきよう言わばアドバイザー的な立場で吉田をサポートした。吉田は「ワンマン宰相」と評されるだけあって、特に人事は勝手放題だった。

第三次吉田内閣の組閣時、吉田は当選わずか二回、山梨全県区の鈴木正文《すずきまさふみ》を労働大臣に起用した。いくら実力があっても、未入閣のベテランからの反発は必至である。「予算委員会の質問が非常に上手で、皆から絶賛を受けた」との理由で鈴木の起用を決断したという吉田に呆れた大野は「演説が上手だから大臣にするのでは、大学の弁論部の猛者はすべて大臣となってしまう」と苦言を呈するも、結局、押し切られた。（『大野伴睦回想録』）

逆に大野が推薦する人物については、そう簡単に認めようとはしなかった。たとえば、和歌山一区の山口喜久一郎《やまぐちきくいちろう》のケースである。山口は山崎首班工作事件の主犯として吉田から睨まれていた。大野以外にも林譲治や星島二郎、益谷も山口の起用を進言するも、吉田は了承しない。「総理、誰がなんといっても、山口君は党の功労者です。党勢拡張のため、全国をくまなく遊説している。この際、彼ほどの男を入閣させないとは……」と訴えても、葉巻片手に無表情のままなので、大野は浪花節作戦に出た。

強いばかりが男じゃない
義理と人情にゃ　もろくなる（同右書）

効果満点だった。破顔一笑する吉田を見て、これをチャンスとばかりに大野が「総理、虎はオリに入れておくのが賢明の策というものです。なにも猛虎を野に放つ愚をとるには、およばないでしょう」と諭すと、吉田も観念し、山口の国務大臣への起用、さらに勢いに乗って長崎一区・本多市郎《ほんだいちろう》の行政管理庁長官への起用まで認めさせてしまった。(同右書)

当時、大野、林、益谷は「御三家」と称され、吉田から重宝された。いずれも鳩山側近で旧政友会育ちの党人政治家、「政策通にあらずという共通点」もあり、独断専行の吉田の下で「党内の風通しを円滑にする役目」を果たした（『戦後政治への証言』）。年齢的には上から益谷、林、大野の順で一歳差、「大酒飲みの仲良しトリオ」で、大野と林は「俳句仲間」、大野と益谷は「碁敵の関係」にあった（『政客列伝』）。このうち第三次吉田内閣では吉田の又従兄弟でもある林が副総理兼厚生大臣、益谷が建設大臣となった。

冷戦の顕在化と講和問題

この頃、国際社会は次第に緊張の度合いを強めていった。アメリカを盟主する西側陣営とソ連を盟主とする東側陣営による冷戦が顕在化していったのである。やがて冷戦は日本の政治状況にも大きなインパクトを与え、保守政党は西側陣営に、革新政党は東側陣営に肩入れし、冷戦の枠組みが、そのまま日本の政治勢力図にも当てはまっていった。

中国大陸では一九四六（昭和二一）年六月、中華民国の蔣介石率いる中国国民党軍と、毛沢東《もうたくとう》率いる中国共産党軍との間で国共内戦が始まる。この戦いはおよそ三年半にわたって繰り広げられ、最終的に共産党軍が勝利し、一九四九（昭和二四）年一〇月一日、中国大陸の北京を首都とする中華人民共和国の建国を宣言した。一方の国民党軍は台湾に逃れ、従来の中華民国を移設して台北を臨時首都とし、中国大陸の奪還を目指して「大陸反攻」を掲げた。

北緯三八度線を挟んで南部をアメリカ、北部をソ連が分割統治していた朝鮮半島では、一触即発の状況が続き、一九四八（昭和二三）年八月、アメリカの庇護で南部に大韓民国が建国、これに対抗して九月、ソ連が北部に朝鮮民主主義人民共和国を作り、アメリカとソ連を後ろ盾にした韓国と北朝鮮による対峙が始まった。一九五〇（昭和二五）年六月には朝鮮戦争が勃発して、世界を二分する対立構図が鮮明になっていった。休戦までの三年余の戦いの中で、アメリカを中心とする国連軍と、ソ連に加え北朝鮮を支援する中華人民共和国の力の行使は、米中衝突を決定的なものにした。

こうした流れの中、アメリカは日本を「反共の砦」として捉えるようになっていった。当時、日本には四個師団からなる在日米軍が駐留していた。この大半が朝鮮戦争に投入されることとなり、その空白を埋めるため、国内警備の強化を理由にＧＨＱの指令により警察予備隊が発足する。日本の非軍事化を進めてきたＧＨＱの政策変更であった。ただし、それは「陸海空軍その他の戦力は、これを保持しない」という憲法第九条二の縛りから「戦力なき軍隊」という扱いとなる。

この苛烈極まる朝鮮戦争を通じてアメリカは、日本の占領統治をいち早く終わらせ、日本を西側陣営の一員とするため、講和に向けた準備を加速させた。日本では、西側諸国だけとの多数講和か、それとも東側陣営をも含めた全面講和かで国論が割れるが、吉田は迷うことなく多数講和に踏み切った。

一九五一（昭和二六）年九月、アメリカで全五二か国代表が参加して講和会議が開催された。インド、ビルマ、ユーゴスラビアの三か国、それに中華人民共和国か中華民国かで代表が決まらない「中国」は不参加、さらに条約内容に不満を表明したソ連、ポーランド、チェコスロバキアが調印を拒否し、日本は四八か国との間で講和条約、併せて、アメリカとの間で日米安保条約に調印した。これにより、それぞれの国において批准されれば、条約発効日の一九五二（昭和二七）年四月二八日に日本は国際社会の仲間入りを果たし、占領統治からの独立が確定することになった。

批准に際し、国会では、自由党と国民民主党が講和条約、日米安保条約に賛成、社会党は日米安保条約には反対だが、講和条約に関しては右派と左派で意見が分かれて相互に譲らず、ついに分裂する。さらに自由党でも講和を機に吉田引退がささやかれるようになると、親吉田派と反吉田派との攻防が激しさを増していった。

大野は当初から、この講和を吉田引退の花道にしようと考えていた。吉田側近の池田勇人や佐藤栄作《さとうえいさく》とも密かに協議を重ね、三人のうちの誰かが、吉田が講和会議の帰途に立ち寄る予定のハワイまで行って、そこで引退のステートメントを作り、羽田空港到着と同時に吉田の口から発表してもらうというシナリオまで用意した。

だが、池田が首相官邸から国際電話で吉田の胸中を探ったところ、想像以上に政権担当の意欲に燃えていることが分かった。これにより、池田も佐藤も打って変わったように吉田引退を渋り始めたため、大野は計画を断念した（『大野伴睦回想録』）。結局、引き際のタイミングを誤った吉田は、その後、徐々に求心力を低下させていくことになる。

吉田と鳩山の確執

鳩山の追放解除

一九五一（昭和二六）年六月一日、鳩山一郎邸の離れの落成を祝う食事会が催され、大野をはじめとする鳩山系のメンバーが集まった。話題はもっぱら鳩山の追放解除に集中した。この五年余りの間、鳩山は一日千秋の思いで追放解除を待ったが、その一方で吉田茂は着々と政権基盤を固め、「ワンマン宰相」として権勢を振るっていた。追放解除が遅れていることを不審に感じていた鳩山が、自分の追放解除を吉田が妨害しているとしきりに言う。大野が「まさか、先生の解除を吉田さんが妨害するようなことはありません」となだめると、出席者の大半が「たしかに妨害している。大野君の見方は甘い」と叱り飛ばし、鳩山も大野に「その事実がある」と声を荒げた。（『大野伴睦回想録』）

それから一〇日後、今度は鳩山邸に追放解除となった安藤正純、石井光次郎《いしいみつじろう》、大久保留次郎、三木武吉といった面々に加え、大野、政治評論家の岩淵辰雄《いわぶちたつお》も入って、鳩山の追放解除を見据えた協議が行なわれた。鳩山は大野や林譲治に対し、自由党に戻っても自分の居場所はなく新党結成を視野に入れていることを事前に伝えていた。協議は難航した。「追放が解けたら当然自由党に帰って適当な時期に自由党の首脳部として大いに働こうではないか」と、吉田からの政権禅譲に楽観的な見解を示す安藤や大久保に対し、岩淵が「吉田という人間が約束なぞ守る男と思っているのか」と激しく攻め立てる（『鳩山一郎回顧録』）。彼らの応酬は続いた。

頃合いを見計らって三木が口を開いた。三木は「今日の自由党は終戦直後、われ〳〵で日本再建のために創立した時とは、似ても似つかぬものとなって終った。創立当時の気持で党をリードしている者はいない。アメリカの支配に屈し、吉田という政治を解しない外交官にリードされ、われ〳〵が帰ったところで、独立日本にふさわしい政治などやれるものではない」と、新党結成に言及した（『三木武吉伝』）。これに対し、石井や岩淵は異論を唱えた。新党結成の意思を鳩山から聞かされていた大野は黙るしかなかった。

白熱した論戦が続く中、三木が鳩山に問う。もちろん鳩山も三木の主張に賛同し、新党結成の方針を伝えた。ところが、予想もしなかった不幸が鳩山を襲う。トイレに入り用を足していたところ、脳溢血で倒れてしまったのである。鳩山は八月六日に追放解除となるが、体調不良により、しばらくの間、静養を余儀なくされる。そこで大野は何とか円滑に吉田から鳩山への政権授受が実現できるよう二人の間を取り持つことにした。

鳩山の健康回復後の一九五二（昭和二七）年六月五日、大野の斡旋で吉田と鳩山が一年半ぶりに対面することとなった。療養先である伊豆半島北部の韮山から大磯の吉田邸に向かう鳩山に大野も同行した。大磯に着いた鳩山を吉田は温かく迎えた。「思ったより顔色がいゝではないか」と、病み上がりの鳩山を気遣い、「あがれ、あがれ」と勧め、「靴を脱ぐのが面倒だから」と答える鳩山に「そのまゝ、そのまゝ」と言いながら、土足で中に入れた（「読売新聞」一九五二年六月五日夕刊）。大野は「二人の友情の厚さには見ていて涙がこぼれた」という。（「毎日新聞」一九五二年六月五日夕刊）

同じ頃、もう一つ大野にとって喜ばしい出来事があった。第一号となる大野の句碑が、美濃和紙で有名な岐阜県武儀郡の牧谷地域に建てられたのである。ここは長良川支流の畔にある風光明媚な地区で、春ともなれば、鶯が鳴く中、家々の庭先に手漉きの美濃和紙が干されるという。

鶯や美濃の牧谷紙どころ（『大野万木句集』）

激化する吉田と鳩山の対立

その後も大野は吉田、鳩山双方の誤解を解くべく、あらゆる努力を払った。だが、二人の隙間は、そう簡単には埋まらなかった。

公職追放に遭った鳩山が、吉田に日本自由党を預ける際、二人の間で「金はないし、金作りもしないこと、閣僚の選定には君は口出しをしないこと、それから嫌になったら何時でも投げ出すこと」という約束を交わしていた。しかし、鳩山は、これらに加え「君のパージが解けたら直ぐ君にやって貰う」との言質を吉田から取ったと理解していた（『鳩山一郎回顧録』）。もちろん吉田も当初は、そのつもりでいた。

この頃、吉田側近となっていた保利茂も「首相の方をすぐに、というわけにはいかんと思いますが、党の方は直ちに鳩山君にやってもらわねばならんようになるでしょう」と語っていたと述懐している（『戦後政治の覚書』）。さらに「鳩山さんの追放解除を決裁した時点では店仕舞いを始められていた。それが鳩山さんの病状を見極めていくうちに、鳩山さんに譲る気持をあえて抑えるようになったといえるのが、私がタッチして知ったいきさつからの確信である」とも証言している。（同右書）

保利は鳩山側近の一人である河野一郎に、そのことを伝えた。初めは半信半疑な様子を見せていた河野だったが、その後、吉田の口から「残務整理を速やかにやりたい」との発言を耳にしている（『今だから話そう』）。結局、吉田は「鳩山君の病躯よく独立再建の国務に堪え得るや、重責に堪ゆるの明かならざる限り、私として党総裁および総理大臣の重任に鳩山君を推挙するのは、情誼はともかく、総理大臣として無責任である」として、引き続き総裁に止まる決意を固める（『回想十年』第一巻）。吉田が政権継続を決した理由が鳩山の罹病《りびょう》にあったことは疑いないと思われる。しかし、日本自由党の後継政党たる自由党は完全に吉田カラーに染まり切っていた。

しかも、それは単なる感情的なもつれだけが原因ではなかった。吉田と鳩山の相克は政治的スタンスの違いにも見られた。たとえば憲法の捉え方である。改正を唱える鳩山に対し、吉田はGHQ主導で作られた憲法について「押しつけられたという点に、必ずしも全幅的に同意し難いものを覚える」とし、「わが国の国民の良識と総意」であり、「改正することの可なる所以を認め難い」と断じている（『回想十年』第二巻）。再軍備に関しても「考えること自体が愚の骨頂」とし、それを主張する鳩山系を意識してか、「世界の情勢を知らざる痴人の夢である」と語っている。（同右書）

その一方で吉田は時と場合に応じて、「この憲法なんていうのは、改正しなきゃいかん憲法だよ。自分は実はこの憲法を仕方なしにあのとき受諾せざるをえない立場にあった。これを改正しなければならない」と、改正に前向きな発言をすることもあれば（『岸信介証言録』）、再軍備に関しても、マッカーサーに「警察予備隊は軍隊にあらず」は「法制の建前」で、「将来の民主的軍隊として立派なものに育成したい」とまで述べて、再軍備の密約を交わしたりもしている（「読売新聞」一九八二年九月二〇日朝刊）。一体、何が真実なのかは定かではない。だが、表向き憲法改正、再軍備に反対する以上、鳩山が不信感を抱くのは当然であった。

一方、一九五二（昭和二七）二月、国民民主党が解散し、大麻唯男《おおあさただお》、松村謙三《まつむらけんぞう》、宮沢胤勇《みやざわたねお》といった旧民政党系による新政クラブ、さらに農民協同党も加わり、吉田の「自由党に対抗する進歩的国民政党」として、重光葵《しげみつまもる》を総裁に改進党が結成された（『日本政党史』）。鳩山の吉田に対する疑心暗鬼が増幅する中、やがて鳩山は、この改進党に急接近していくのであった。

「三日議長」

大磯での吉田と鳩山の会見から約一か月後の七月一日、自由党に激震が走った。吉田が突如、幹事長に自らの腹心である福永健司《ふくながけんじ》を指名したのである。当時、福永は当選一回の新人だった。幹事長は、党務執行の仕切り役であり、人事と財務はもちろん、国政選挙における公認権を掌握するほどの力がある。吉田が福永を幹事長に据えようとしたのは「鳩山派や反吉田勢を抑えつけ、斜陽の吉田勢力を強化するため」であった。（『三木武吉伝』）

あまりに露骨な側近起用に鳩山系は猛反発した。その先頭に立ったのは石田博英《いしだひろひで》、倉石忠雄《くらいしただお》といった中堅で、後ろで糸を引いていたのが三木武吉であった。議員総会は大荒れとなり、親吉田派の人垣に守られた吉田が、反吉田派に窓際まで追いやられて、身動きができなくなるほどの騒ぎとなる。結局、吉田は「御三家」の一人で衆議院議長の林を幹事長にすることで妥協を図った。吉田にとっては総裁としての人事専権が初めて阻害された出来事であった。この勝利に鳩山系は意気軒昂となり、中立系を囲い込んで、吉田打倒に向けて突進していくのであった。

林の幹事長就任により、今度は後継議長問題が浮上した。そんな折、突如、大野に吉田の意を受けた林と益谷から議長就任の受諾要請が舞い込んできた。吉田と鳩山との間で板挟みになっていた大野は、容易には了承しなかった。大野が拒絶すると二人は「そんなアホなことをいうな。議長といえば議員の最高の地位だ。ならぬ奴があるか」と叱り、挙句の果てには林が涙を流しながら「お前、どうしてそんなに強情を張るのか。吉田総理もその気持になっているのだぞ」と攻め立てた（『大野伴睦回想録』）。これには、さすがの大野も逃げ道がなく、ついに承諾した。

柄になき椅子に着きけり秋暑し（『大野万木句集』）

大野の議長就任に三木をはじめとする鳩山側近は、これを大野の裏切り行為と見なし痛罵《つうば》を浴びせた。こうした中、吉田は次の手を打つ。反吉田派を牽制するため、八月二八日、突如、衆議院解散の挙に出たのである。任期満了を目前に控えていたため、いつ解散があっても不思議ではなかったが、反吉田派の不意を突いた格好だったため、鳩山サイドの怒りは頂点に達した。解散後、三木は大野に向かって「こんな馬鹿な解散があるか！」と怒鳴り散らすも後の祭りであった（『三木武吉太閤記』）。大野の議長就任から三日目のことである。解散の件は大野本人にも知らされていなかった。池田、佐藤、外務大臣の岡崎勝男《おかざきかつお》の三人と吉田との間で密かに練られた作戦だった。この時、世間は大野を「三日議長」と揶揄した。

一輪咲いても花は花、一夜添っても妻は妻（『大野伴睦回想録』）

大野は、こんな珍言を吐いて、「たとえ三日でも、一時間でも議長は議長だ」と強がりを言って回った（同右書）。自由党は吉田系と鳩山系とに別れて選挙戦に臨むことになった。鳩山は憲法改正、再軍備を訴え、吉田との違いを鮮明にした。片や吉田は鳩山側近の石橋湛山《いしばしたんざん》と河野を投票日二日前に見せしめのために除名処分にするという徹底抗戦に出た。結果、自由党は二四〇議席と、辛うじて過半数を獲得したものの、後遺症として鳩山系が民主化同盟を旗揚げし、自由党は「党内にいわばガン」のようなものを抱えることとなる（『戦後保守党史』）。改進党は八五議席で野党第一党、講和問題で分裂していた社会党は右派が五七議席、左派が五四議席と均衡を保った。

この選挙で大野は初めてトップ当選の栄冠に輝いた。以来、大野は生前最後となる一九六三（昭和三八）年一一月の衆議院議員選挙まで順位を変えることなく連続当選し続けた。その後、大野は再び議長就任の栄に浴した。自由党は、首班指名では一応、吉田で決まり、一〇月三〇日、第四次吉田内閣が成立するも、吉田系と鳩山系の溝は深まるばかりであった。

1952年10月、再び衆議院議長就任。前方は吉田茂（『大野伴睦』）

水害対応で陣頭指揮

その後も吉田は自由党内の

紛擾《ふんじょう》に右往左往、野党陣営の攻勢にも悩まされた。一九五三（昭和二八）年二月二八日、衆議院予算委員会において、吉田が右派社会党の西村栄一《にしむらえいいち》の質問中に思わず「バカヤロー」と口走ってしまった。

「総理大臣は興奮しない方がよろしい。別に興奮する必要はないじゃないか」

「無礼なことを言うな」

「何が無礼だ」

「無礼じゃないか」

「質問しているのに何が無礼だ。君の言うことが無礼だ。国際情勢の見通しについて、イギリス、チャーチルの言説を引用しないで、翻訳した言葉を述べずに、日本の総理大臣として答弁しなさいということが何が無礼だ。答弁できないのか、君は……」

「バカヤロー」

「何がバカヤローだ。バカヤローとは何事だ。これを取り消さない限りは、私はお聞きしない。議員をつかまえて、国民の代表をつかまえて、バカヤローとは何事だ。取り消しなさい」

吉田は即座に不規則発言を取り消した。国会会議録では「無礼」と「バカヤロー」の箇所は削除されている。しかし、混乱は収まらず、前代未聞の懲罰動議が上程された。これが鳩山系、そして自由党幹事長人事で吉田との確執を深めた広川弘禅系列のグループによる欠席で可決、次いで内閣不信任決議案が提出されると今度は民主化同盟が自由党を離脱して賛成に回ったため可決し、吉田は再び伝家の宝刀を抜き、世にいう「バカヤロー解散」となったのである。

解散と同時に鳩山は吉田と決別し、分党派自由党を結成した。分党派自由党は自分たちこそ本流であるとして、広川の提案で同じ「自由党」を名乗るが、一般には「吉田自由党」と区別するため「鳩山自由党」と呼ばれた。鳩山自由党の主張は先に結成された改進党と同工異曲で、憲法改正、再軍備を訴えた。いずれ、鳩山自由党を中核に改進党、さらに吉田自由党を切り崩して保守合同を実現するという青写真を描いていたのである。

選挙結果は、吉田自由党が一九九議席と大きく後退し、改進党が七六議席、鳩山自由党が三五議席で、これに対し社会党は右派が六六議席、左派が七二議席と、革新勢力の躍進が目立った。保守勢力の内紛が革新勢力を伸張させたのである。吉田自由党は過半数割れの中で、五月二一日、第五次吉田内閣を発足させ、大野は国務大臣として初入閣を果たした。それは「弱体化した与党勢力をして、国会乗りきりのための安全弁」としての役目を期待されたからである。（『大野伴睦』）

大臣をつひに引受け梅雨に入る（『大野万木句集』）

就任に際して詠んだ一句である。ところが、「梅雨に入る」との言葉が予言したかのように、六月に入ると梅雨の長雨は、九州地方北部を中心に集中豪雨となり、多くの河川が氾濫し、浸水家屋は四五万棟を超え、死者七五九人、行方不明者二四二人と、大きな被害を生んだ。これに対処すべく、その司令塔を任された大野は、早速、現地入りして三五日間にわたって福岡県庁内に根拠地を設け陣頭指揮を執った。

被災現場に出向き、電光石火のごとくスピーディーに応急措置を施し、復旧に向けたプランを打ち立てていく。その獅子奮迅の働きぶりに、当時、建設省河川局長として大野を補佐し、その後、参議院議員となった米田《よねだ》正文《まさふみ》は「政治家とはかくも幅広きものか、かくも抱擁力の大きいものであるか」ということをひしひしと感じさせられたという。（『大野伴睦』）

同じ頃、紀伊半島でも集中豪雨によって和歌山県内全域が水浸しとなり、死者七一三人、行方不明者四一一人という甚大な被害を出した。惨状を知った大野は、レインコート、ゴム長靴姿で被災現場に飛び、副総理の緒方竹虎《おがたたけとら》、建設大臣の戸塚九一郎《とつかくいちろう》に状況を伝えたうえで、九州地方北部の水害と合せて、即刻、立法措置、予算措置を講ずるべく対応にあたった。

大野と母・国枝（『大野伴睦』）

水害との戦いに苦しむ中、大野の支えとなったのが、慈母・国枝から届いた激励の電報だった。

アツイナミダデスクエ

（「朝日新聞」一九五七年一月一一日朝刊）

保守合同のクライマックス

北海道開発庁長官

国務大臣在職中も大野は、同じく国務大臣の安藤正純と一緒になって鳩山一郎に対して繰り返し自由党への復党を求めた。二人は「吉田総理はいずれ行き詰まる。このままでは政権は緒方竹虎に行ってしまう。へたをすると重光葵に横取りされる。復党こそ政権への近道です」と訴えた（『政客列伝』）。頑なに拒否してきた鳩山も、ようやく重い腰を上げ、秋も深まってきた一九五三（昭和二八）年一一月一七日、吉田茂が鳩山邸を訪れ、二人は会見した。吉田は、憲法調査会と外交調査会を自由党内に設置することを復党の条件に上げる鳩山の要請に応じ、三〇日、鳩山自由党三四人のうち二六人が古巣に戻ることとなった。

一方、安藤覚《あんどうかく》、池田正之輔《いけだまさのすけ》、河野一郎、中村梅吉《なかむらうめきち》、松田竹千代《まつだたけちよ》、松永東《まつながとう》、三木武吉、山村新治郎《やまむらしんじろう》の八人は、これを潔しとせず、新たに日本自由党を結成して吉田打倒を継続した（同右書）。彼らは黒澤明《くろさわあきら》の監督による当時のヒット映画『七人の侍』にちなんで「八人の侍」と持て囃された。三木は鳩山に「心配するな。またすぐ一緒になるよ。俺はどうあっても一度君を首相にしなければ死ねないのだ」と語り（『三木武吉伝』）、河野も「先生、先生は自由党のなかで、静かに時を待って下さい。私は、外で吉田打倒につき進んで、鳩山内閣を作り上げるために全力をそゝぎます。それは必ず実現します。そしたら、また共に手をつないで一つの道を歩きましょう」と言って鳩山を泣かせた。（『鳩山一郎回顧録』）

年が明けた一九五四（昭和二九）年一月、大野は北海道開発庁長官に転じた。これまで北海道とは何の関わりもなかったが、若い頃に北海道の自然豊かな広大な大地に憧れを抱いたことがあった。就任に際して、そのことを思い出した大野は、本腰を入れて北海道開発に取り組もうと決意した。

この時、大野に秘書官として仕えることになったのが、開発担当官の中川一郎《なかがわいちろう》だった。中川は、疾風伝雷の勢いで懸案事項を処理していく大野に度肝を抜かされた。中でも驚嘆したのは「予算分捕り技術」であった（『反骨の宰相候補』）。中川の場合、わずかばかりの予算要求のために大蔵省に日参し七重の膝を八重に折って三拝九拝するのが当たり前で、それでも認めてもらえないことの方が多かった。ところが、大野の場合は違う。大蔵大臣の小笠原三九郎《おがさわらさんくろう》に電話一本で済ませる。それを身近で見ていた中川は大野の政治力の強さを思い知らされた（同右書）。以来、中川は大野を師と仰ぎ、大野の勧めで国政入りを果たすのであった。

在職中、こんなことがあった。それは大野が北海道開発庁長官として富良野視察をした際の出来事である。その日の夜、大野の歓迎宴が盛大に開かれた。床の間を背にした上座に大野と並んで片桐《かたぎり》カネという一人の老婆が座っていた。

「このお婆さんこそ、私がガンゼない頃、私のお守をしてくれた人です。背中に小便をしかけいたずらをして困らせたことのある人と、今、ここでこうして達者で会えるということは、感慨無量です。私の今回の旅行で一番たのしみにしていたことはこの人に会えるということでした……」（『富有集』）

昔、大野家に奉公し、大野の子守りをしていた女性だった。その後、開拓移民として北海道に渡ったという。半世紀以上を経ての再会である。互いに涙を流しながら喜びを分かち合った。それから半年後、彼女は乳癌で、この世を去った。大野は自ら筆を執って弔辞を綴り、香典と一緒に遺族に送って冥福を祈った。

鳩山との決別

この頃になると、徐々に長期政権ゆえの歪みが露呈し始め、吉田ワンマン体制は断末魔を迎えつつあった。一九五四（昭和二九）年正月早々から造船疑獄事件の摘発が始まり、吉田側近で自由党幹事長の佐藤栄作にまで捜査の手が伸びてきた。最高検察庁は、佐藤の逮捕について衆議院に許諾請求を求めるも、法務大臣・犬養健による指揮権発動で逮捕を免れた。しかし、このままでは政権運営は行き詰まること間違いない。

そこで副総理の緒方竹虎が難局突破のため、造船疑獄事件最中の四月一二日、吉田の許しを得たうえで、改進党との合併を提案し、国民に向け「時局を案ずるに、政局の安定は、現下爛頭《らんとう》の急務」で始まる声明文を発した。「爛頭の急務」とは何か。「爛」は、物体が乱れて焼き崩れる、煮崩れすることを指す。つまり、頭が糜爛《びらん》するほど急がなければならない切羽詰まった状態を意味した。ジャーナリストで、しかも書道、漢詩を嗜む風流人で知られる緒方ならではの言い回しであった。

緒方は、「『爛頭の急務』といえば、これはいったい何だ、ということになり、世人の興味かき立てる。新聞も書く。古い、といわれようが、その方が得だ」と考えたらしい（『評伝緒方竹虎』）。実際、その目論見通り、「爛頭の急務」は一種の流行語となった。そこには「新党結成の二大骨子」として、「自改両党の同時解党と新党首の民主的公選」を上げ、「一切の旧套《きゅうとう》を脱して保守勢力の新生を期するものである」とあった。これに改進党は応ずる構えを見せ、保守合同を「大義名分」としていた日本自由党の「八人の侍」も前向きな態度を示した。（『戦後保守党史』）

五月二八日、自由党、改進党、日本自由党による新党交渉委員会の設置が決まり、二九日から協議がスタートした。しかし、トップの選出方法について意見が割れる。改進党は吉田引退を前提とした選任を主張、自由党は公選を主張した。自由党は「数の上で優位に立つ吉田をまず総裁に選び、いずれ緒方にバトン・タッチ」という計画を描いていた（同右書）。結局、暗礁に乗り上げ、六月二三日、自由党が打ち切りを宣言する。

それとは別に自由党の反主流派に位置する芦田均、「抜き打ち解散」の時に吉田から除名処分を受けたこともある石橋湛山、さらに岸信介は、四月一九日、自由党、改進党、日本自由党の有志による新党結成促進協議会を旗揚げした。新党交渉委員会が挫折したことで勢いが増し、ここが新党工作の母体となる。反吉田派の結集であり、鳩山の快進撃の始まりであった。

北海道開発庁長官になって半年後の七月中旬、突然、吉田から大野に自由党総務会長就任依頼の連絡が入った。やっと軌道に乗り始めた北海道開発のビジョンを途中で放り出すのは惜しかったが、党人政治家として党内業務に励むよう頼まれれば拒絶するわけにはいかない。吉田が佐藤に代わって池田勇人を幹事長に起用したところ、党務歴に乏しい池田では不安だとの声が出たため、練達《れんたつ》の大野に総務会長になってもらい、池田を援護してほしいという。大野は即座に、これを受諾した。

九月一九日、自由党から鳩山、石橋、岸、改進党からは重光と幹事長の松村謙三、日本自由党から最高顧問の三木が鳩山邸に集まることとなった。このことを知った大野は、何とか鳩山を思い止まらせようと、軽井沢の別荘から私邸に向かおうとしていた鳩山を途中で捉まえ、車内に乗り込んで翻意を促した。鳩山邸に到着すると、玄関先で改進党の川崎秀二《かわさきひでじ》と中曽根康弘《なかそねやすひろ》が待ち構えていた。

「事態がここまで進展しているからには、私は、何とも申し上げる術を失いました。心ならず、先生とはお別れします」と言う大野に対し、鳩山は逆に新党参加を要請した（『大野伴睦回想録』）。だが、大野は「いや、それは出来ません。先生のご恩は海山にも比すべきものがあります。私個人の感情はお言葉を待つまでもなく、お伴したいのですが、それでは政治家として世間に信を疑われます」と、これを断り、目からこぼれ落ちる涙をハンカチで押さえながら、「大廈の崩れんとするとき、万木もこれを支うるを得ず」の心境で「大義親を滅す」として鳩山邸を後にした。（同右書）

この日、六人は「吉田内閣に対して批判的な立場をとる」ことで一致し、新党結成を正式に発表した（「朝日新聞」一九五四年九月二〇日朝刊）。これにより、新党結成促進協議会は新党結成準備会へと衣替えした。

日本民主党結成と吉田退陣

それから一か月後の一〇月二〇日、新党結成準備会拡大大会が開かれた。自由党の主流派は幹事長の池田を先頭に会場に突入するも、締め出しを食らった。自由党からは代表委員に芦田、石橋、岸、金光庸夫《かねみつつねお》、鳩山の反主流派五人が選ばれ、互選で鳩山が委員長となった。池田は外遊中の吉田の判断を仰ぎ、反党分子として石橋、岸を除名処分にした。

だが、この強行的態度によって、逆に新党結成への風速が一段と強まり、一一月一五日に鳩山を委員長とする創立委員会が発足し、二四日、自由党の鳩山系をはじめとする反吉田派、改進党、日本自由党が糾合し、鳩山を総裁、岸を幹事長に日本民主党が結成された。衆議院は一二一人、参議院は一八人を擁し、社会党の右派、左派と連携すれば吉田を倒すのに十分な数を得たのであった。鳩山側近として大野と同じ釜の飯を食ってきた仲間の多くが、これに参加し、大野は吉田自由党に取り残される形となった。

日本民主党は、綱領の中で「国民の自由なる意思により、占領以来の諸制度を革正し、独立自衛の完成を期する」と明記し、さらに、それを具体化させた政策大綱では憲法改正について「現行憲法は、制定当時の事情と之れが実施の結果に鑑み、国民各層の意見を徴して慎重にその内容を検討し、平和主義、民主主義の原則を堅持して之れを更改する」とし、そのために国会に「憲法審議会を設置する」と謳った。再軍備に関しては「国力に応じ均整を得た少数精鋭の自衛軍を整備」すると同時に「逐次駐留軍の撤退を可能」にして「現行の日米安全保障条約を双務的条約に改訂する」ことを目指すとした。「吉田路線に対する『反』の立場」を明確化させたのである。（『戦後保守党史』）

日本民主党結成は吉田にとって致命的打撃となった。鳩山の攻勢は続き、ついに日本民主党を筆頭に社会党の右派、左派が協力して内閣不信任決議案を提出する。可決必至であった。吉田は解散権を振りかざした。ここから涙と怒号の落城前夜のドラマが始まった。

一二月七日早朝から吉田が住まう目黒公邸で臨時閣議が開かれた。副総理の緒方は「それは憲政の常道に反します。もし総理がどうしても解散するのであれば、わたしは閣僚として署名しません。そして政界を引退します」と捨て身の諫言で抵抗し（『評伝緒方竹虎』）、運輸大臣の石井光次郎も辞表を懐に入れて総辞職を迫った。自由党内でも側近以外は全員が解散に反対した。

その日、大野は隣室に控えていた。しばらくして中に入ってきた吉田は、一同を見渡した後、解散を告げた。あまりに強引な吉田に、さすがの大野も我慢ならず、「内閣は短く党は長い。総裁といえども党を無視することは許さん」と詰責《きっせき》し、松野鶴平も満面朱を注いだように「党あっての総裁だ。無茶をやるなら総裁といえども除名だ」と叱り飛ばした（『政界ライバル物語』）。吉田は不機嫌そうな表情を浮かべながら、逃げるように二階の書斎に入った。吉田側近の池田、佐藤、保利茂が、その後を追う。池田は「私はどこまでも総理についていきます」と吉田を慰め、佐藤は黙って目に涙を浮かべていたが、保利は平静を保っていた（『一誠の道』）。三人は一旦、外に出た。

吉田は四面楚歌の状態にあった。保利は「情において忍びがたいが、冷厳な現実を見れば総辞職するより仕方ない」と判断した（同右書）。池田、佐藤も本音では総辞職が適切と考えていた。三人は再び吉田の書斎に入り総辞職を進言した。

池田が泣きながらしゃべった。佐藤も涙を流した。だが、保利は泣きたい気持ちを押さえた。三人の愛弟子の忠言はきつかったのだろう、吉田はプイと席を立ち、隣の部屋に入って出てこなかった。（同右書）

孤立した吉田は解散を断念し、本人不在のまま総辞職の手続きが進められた。

「大野君を閣僚にしたかった」

一九五四（昭和二九）年一二月八日、吉田退陣にともなう首班指名において、吉田後継として自由党総裁となった緒方を破り、ついに鳩山が政権奪取を果たした。公職追放さえなければ早々と宰相ポストを掌中に収めていたはずの鳩山にとっては長い回り道であった。第一次鳩山内閣発足に際し、鳩山は「大野君を閣僚にしたかった」と漏らしたという。（『大野伴睦回想録』）

翌年一月二四日、鳩山は首班指名に協力した社会党の右派、左派との約束通り、衆議院を解散した。選挙戦で日本民主党は憲法改正、再軍備を含む「自主独立の完成」を訴えた。

結果は、日本民主党が解散時の一二四議席から一八五議席に膨れ上がり、逆に自由党は一八〇議席から一一二議席へと凋落《ちょうらく》した。「ワンマン宰相」と揶揄された吉田とは対照的に鳩山は「庶民宰相」を演じ、一種の鳩山ブームを巻き起こしたのであった。一方、社会党は右派が六七議席、左派が八九議席と予想以上に伸び、全議席（四六七議席）の三分の一、同じ革新勢力たる労働者農民党の四議席と共産党の二議席を加算すれば、衆議院において憲法改正の発議を優に封じ込めるだけの数を得たのである。

これにより、憲法改正の可能性は遠のいた。それに危機感を覚えた日本民主党は保守合同に乗り出す。イニシアチブを握ったのは、枯れ木を思わせるような痩身小躯ながら、三白眼を光らせて吉田と対峙し続けてきた総務会長の三木であった。三木にとって保守勢力の結集は、敗戦直後からの政治目標であった。「敗戦直後の赤色旋風」を見た三木は、「時の経過と共にやがて冷めるではあろうが、一たび解放された民衆の間に、社会主義思想と階級対立的政治意識の根を下ろすことは避けられない」と結論し、それに対抗するには「全保守勢力を結集する以外、道はなしと決心」したのである。(『三木武吉伝』)

四月一二日、三木は、いわゆる「三木車中談」を発表した。「今や保守勢力結集による政局安定は、民自両党とも、極く一部の感情論を除けばみな強く望んでいる」とし、「民主党は自由党に対し、引抜や切崩しなどの工作はせず、近く正式に表玄関から呼びかける」と述べ、続けて「保守結集のために、もし鳩山の存在が障害になるなら、鳩山内閣は総辞職してもいいし、民主党は解体しても一向差支えはない」とまで訴えた(同右書)。この一言が保守合同へのアクセルとなった。

第二次鳩山内閣発足からわずか一か月足らずでの「鳩山内閣は総辞職してもいいし、民主党は解体しても一向差支えはない」との藪から棒な爆弾発言は、日本民主党内を撹乱させた。だが、三木にとっては、そんな騒ぎは計算済みだった。実は、この内容は、幹事長の岸との間で綿密な打ち合わせをしたうえで発したものだった。三木は岸に「現実にこれを実行する段になるといろいろ問題が多いので、君が先に言い出すのはまずい。先ずオレが口火を切る。そうすると色々オレを非難するヤツが出てくるだろうがオレはかまわない。オレが泥をかぶるから」と申し出た。（『岸信介回顧録』）

緒方が発した「爛頭の急務」は吉田延命の手段であると見られた。したがって今回は決して鳩山延命のためのものではないことを訴える必要があった。ゆえに「鳩山内閣は総辞職してもいいし、民主党は解体しても一向差支えはない」と言い切ったのである。

岸としては、これを三木の単なる放言に終わらせるわけにはいかない。そこで、「保守勢力を結集するの要は、独立完成に必要な諸政策を強力に推進するためであって、もとより一党一派のための問題ではない。従って保守勢力の結集のために必要とあらば、我が党は解党もあえて辞するものではない」との「岸幹事長談話」を発表し、「三木車中談」をオーソライズさせた（同右書）。しかしながら、これに自由党が乗じなければまったく意味がない。そこで三木が自由党のカウンターパートとして選んだのが、不倶戴天の政敵・大野であった。

第5章　政権与党の中枢に

保守合同成る

政敵から盟友へ

大野伴睦と三木武吉の二人は、かつては鳩山一郎直系の同志であった。ところが、鳩山の公職追放中に、吉田茂との距離が近くなった大野を、三木は攻撃の的にし、以来、三木が「大野奴ッ」と罵倒すれば、大野が「三木のタヌキ」と応酬するほどの犬猿の仲となっていた（『回想の戦後政治』）。当時、大野と同じ岐阜一区に日本民主党の三田村武夫《みたむらたけお》という三木一派の元職がいた。三木は三田村を応援すべく何度も岐阜一区に乗り込み、「大野の大義とは、大臣の『大』であり、議長の『議』だ」と貶《けな》し、大野を憤慨させたという。（『渡邉恒雄回顧録』）

運命の日は一九五五（昭和三〇）年五月一五日に訪れた。三木から大野に会見申し入れの電話があった。

「大野君、三木だ。君と二人きりで会い、救国の大業を成就したい――」

「一体、君のいう救国の大業とやらは、どんなことなのだ」

「いまの日本の現状で、保守陣営が結束もしないで政権の奪い合いにのみ、狂ほんしていたのでは、祖国の前途は憂うべきである。そこでだ、なにをおいても保守合同が、天下の急務と考えこの間、大阪へ行く途中に構想を発表したのだ――」

「構想」とは「三木車中談」のことである。大野は三木からの会見申し入れに警戒した。にわかに信じがたい。

「三木さん、君はきれいごとをいうが、本音は一月の総選挙の結果、民主党が第一党になったが、絶対多数をとれなかったので、わが党を与党にでもする工作なのか」

「いや、断じてそのようなことはない。この大業を成し遂げるために、必要とあれば、鳩山内閣の一つや二つ、ぶっつぶしてもよい。問題は鳩山内閣が、どうの、こうのということではない。いままで幾多の先輩政治家が、保守の大同団結を何回か叫んでも、成功しなかったのはただ、それなりの思惑や野心がまきついて、うまくいかなかったからだ。実は君に呼びかけるゆえんは、自由党に人材雲のごとくあるけれど、この大業を成しとげるに、君以外に人物はいない。西郷南洲が、金も地位も名誉も欲しない、命すらいらぬというのはバカだが、そのバカが、最も国家のためになると語っている。まさしくその通りだ。本当に命がけで捨身でいける人物は、自由党広しといえども、大野伴睦をおいて他にない」

三木は、こう訴え、これまでの非礼を詫びた。そんな三木に大野も次第に心惹かれていく。

「三木さん、そのようなことを気にすることはない。われわれは政敵の悪口を述べても、それを私怨に思うほど度量は狭くない。さきほどから、君はしきりに会見を求めているが、いつ会いたいというのだ」

「今夜、会おう」（『大野伴睦回想録』）

その夜、二人だけの会見が行なわれた。三木が用意した会場は、大野邸から歩いて数分、芝下高輪町にある山下太郎《やましたたろう》邸の奥座敷だった。山下は戦前、満洲での不動産事業で莫大な財を成し、戦後は在外資産の没収で無一文となるも、サウジアラビアとクウェートの沖合にあるカフジ油田を掘り当て、間もなくアラビア石油を創業し「アラビア太郎」と呼ばれた経済界の異端児である。山下邸は今、野村證券高輪研修センターとなっている。

大野は事前に自由党総裁の緒方竹虎からの承諾も得ていた。山下邸に着くと、先着の三木が山下と会話を交わしていた。大野の到着を確認した山下は、そっと会釈し姿を消す。大野と三木の二人だけとなった。三木は早速、大野に向かって保守合同を迫った。

「いまや、政敵の関係を離れて国家の現状にお互が心をくだくべき時期と考える。日本はこのまま放っておいたら、赤化の危機にさらされること、自明の理だ。このため、なによりも保守陣営が、大同団結しなければならない。僕は今まで、ずいぶん人をだましてきたが、今度こそ天地神明に誓って私利私欲を去り、この大業を成就させる決心だ。くどいようだが、今度こそ術も施さないし、策もめぐらさない——」(同右書)

そのトーンは徐々にヒートアップし声涙倶《せいるいとも》に下る熱弁となった。大野も三木の勢いに吸い込まれていく。そして最後に、三木はこう言って手を突いた。

「俺はこれだけを仕遂げてからあの世に旅立ちたい」（『三木武吉伝』）

大野の用心は一気に吹っ飛び、二人は手を握り合った。不惜身命《ふしゃくしんみょう》の覚悟が大野の心をとらえたのである。こうして二三日に、大野と三木、そして日本民主党の岸信介、自由党幹事長の石井光次郎による四者会談、鳩山と緒方のトップ会談が行なわれ、「保守勢力を結集し、政局を安定する」ことで意見の一致を見たのであった。（『日本政党史』）

自民党総裁代行委員

その後、日本民主党と自由党は、新党政策委員会、新党組織委員会を設けて、政策面、運営面での協議を進め、一定の方向性が決まったところで新党結成準備会に衣替えして、仕上げ段階に移行した。忙中閑ありとでもいうべきか。この間、大野は先方からの招聘により、団長として国会議員一二人を引き連れ台湾を訪問し、蔣介石から盛大な歓迎を受けた。

保守合同に向けての四者会談。左から大野、三木武吉、岸信介、石井光次郎（自民党本部提供）

そこまでは順調だった保守合同に向けた協議も、最後に誰を初代総裁に据えるかで交渉が難航した。日本民主党は「話し合いで鳩山」、自由党は「公選」を譲らず、連日のように岸と石井、大野と三木の四者会談が開かれるも、歩み寄りは見られなかった（『自由民主党党史』）。一〇月一三日には右派と左派に分かれていた社会党が一足先に再統一を果たした。いつまでも鞘当てを繰り返すほどの時間的余裕はない。

窮余の策として大野が持ち出したのは、旧政友会で設けられたことのある総裁代行委員制を敷くという提案だった。このアイデアに一同、「これは名案」と手を叩き、結果、日本民主党から鳩山、三木、自由党から緒方、大野が総裁代行委員に就任することとなった（『大野伴睦回想録』）。師と仰ぐ鳩山と同じポストに就くことになった大野は感慨無量の思いにひたった。ある時、鳩山が大野に、こう呟いたという。

「これから毎日のように君と会って、昔のように雑談しても世間が変にみないな。それが一番うれしい」（同右書）

大野と三木は人目を避けるように、二人だけの極秘会談を重ねた。いよいよ保守合同間近というところで、三木が大野に「大野君、本当にいろいろ世話になった。これで安心して死ねるよ。僕もいささか疲れた――」と、言いながらかたわらの革鞄を手元に引き寄せ、大野に差し出した（同右書）。中を開くと、そこには現金一〇〇〇万円が入っていた。「この金は、保守合同に共鳴してくれたある人が、なにかと金もいることだろうと、無条件でくれた金だ。君も今度の運動で何かと金がかかっただろう。僕と命をかけて仕事をしてくれた君個人に自由に使ってもらいたい」という三木の厚意を無碍《むげ》にするわけにもいかず受け取ったものの、もし世間に知られたら、訝《いぶか》しい目で見られるかもしれない。（同右書）

三木と別れた大野は、その足で自由党幹事長の石井の私邸に向かい、革鞄ごと石井に預けてしまう。この一〇〇〇万円は、読売新聞社社主の正力松太郎《しょうりきまつたろう》が三木に渡した政治献金二〇〇〇万円のうちの半分だった。結局、自由党の政治資金として使われることになったのだが、のちに石井は、これを私的に流用してしまったらしい。(『渡邉恒雄回顧録』)

大野と三木の歴史的会談から半年後の一一月一五日、中央大学講堂において、華々しく新党結成大会が開かれた。衆議院議員二九八人、参議院議員一一五人の大所帯であった。これにより、翌年春に総裁公選を行なうことを前提に、鳩山は一旦、総辞職し、その上で第三次鳩山内閣を発足させた。自民党と社会党の二大政党を主軸とするいわゆる「五五年体制」がスタートしたのであった。

一九五六(昭和三一)年幕開けと同時に、自民党総裁選挙へ向けての動きが激しくなっていった。旧日本民主党系は鳩山を、旧自由党系は緒方を初代総裁に推した。ところが、一月二八日、その緒方が急性心臓衰弱のため忽然と、この世を去った。享年六七であった。「鳩山内閣の次に政権を担う者が、緒方氏であることは衆目の認めるところであった」だけに、その衝撃は大きかった(『私の政界昭和史』)。大野も緒方の遺骸を前に涙をこらえることができなかった。この緒方の急逝により、対抗馬がいなくなったため、四月五日の臨時党大会では鳩山が圧倒的多数の支持を得て初代総裁に選ばれた。

威厳と実力

最愛の母との別れ

緒方竹虎の逝去から二か月後、大野にとって、さらにショッキングな出来事が起こる。最愛の母・国枝との別れが訪れたのである。老衰、九一歳の大往生であった。大野は深い悲しみに暮れた。

幼少の頃、「村一番の悪童」だった大野は随分と国枝の手を焼かせた（『おふくろの味』）。火遊びが原因で山火事を起こしたこともあった。それでも国枝は厳しくも温かい愛情を持って大野を育てた。のちに大野は「母には、苦労のかけどおしだった。晩年はあるていど喜んでもらえたこともあったが、とても償いはつかない」と語っている。（同右書）

独り立ちしてからも、常に慈愛に満ちた優しい眼差で大野の成長を見守った。信心深かった国枝は、神主の次女だったこともあり、大野に災難が起こると、すぐに山岳信仰の代表的霊峰として知られる木曽・御嶽山に登拝し、大野の選挙の時は水垢離《みずごり》を取ったという。地元の有権者を感動させた国枝の名言がある。

「わたしは伴睦を生んだだけです。選挙区の方々が大野を育てて下さったのです」（「朝日新聞」一九五七年一月一一日朝刊）

国枝の密葬は四月一日に大野の実家で、本葬は約一か月の五月三日に実家近くの谷合公民館で執り行なわれた。鳩山一郎の代理である労働大臣の倉石忠雄、同じく衆議院議長の益谷秀次の代理である元衆議院議長の林譲治を筆頭に、建設大臣の馬場元治《ばばもとはる》、郵政大臣の村上勇、さらに四〇人余りの国会議員が参列し、興味本位でやって来た野次馬も含め約一万人の会葬者が集まった。僧侶の数は二〇人を超え、式場周辺は全国から届いた三〇〇〇以上の花輪で埋め尽くされ、その規模は「岐阜県一」といわれた（「大野伴睦氏の母堂御葬儀」）。鳩山は弔辞に、こう記した。

人間が一度は遭わねばならない今日の日は、生者心滅の理ではありますが、刀自《とじ》こそわるびれる心持もなく、静かに眠ることが出来ましょう。これは刀自も積み重ねられた徳が

大野君となって輝き、今後も更にその輝きを増すことでしょう。（同右書）

大野にとっては最高で最後の親孝行となったに違いない。それからしばらくして、大野の夢の中に国枝が現れた。「私は極楽へ来た、来た日にお祖師様からお呼び出しに預って、日蓮様のお膝元に抱えられている。それはよいお上人様だ。有難い。極楽はとても美しい処で、年中美しい花が咲き満ちていて、何千羽という大小の鳥が美しい声で囀っての……」と語り、大野が「お父さんは」と尋ねると「一緒だよ」と答え、安心したところで姿が消えたという（『おふくろの味』）。大野は、国枝の逝去に際し、こんな歌を詠んだ。

九十一花に魁《さきが》け散りし母
極楽へ花見に母の一人旅（『大野万木句集』）

日本消防協会会長

大野が日本消防協会の第三代会長に就いたのは、一九五六（昭和三一）年三月のことだった。一九〇三（明治三六）年五月に設立された大日本消防協会、大日本警防協会を経て、一九四八（昭和二三）年一月に新たに発足した「全国消防団員の自主的連絡機関」で（『日本消防百年史』第三巻）、およそ九年近くにわたって、この全国的巨大組織を率いた。

大野は、これまで消防分野にまったくタッチしてこなかったが、日本自由党幹事長の頃、新潟県知事の岡田正平《おかだしょうへい》から「今日の日本で、消防団くらい働く団体はない。風水害の救助から、犯罪発生の山狩りまで、必ず動員されている。そのうえ、全国二百万人の団員には、一人のアカもいない思想健全な団体だ。それだのに自由党は、これに対して助成、補助を考えようともしない」との叱責を受けたことから次第に関心を寄せるようになった。（『大野伴睦回想録』）

大野は早速、当時の大蔵大臣・池田勇人に相談することにした。もちろん反対する理由はない。ただ、その前に国会決議を経た方が大蔵省としても呑みやすいとして、一九五二（昭和二七）年六月、「消防強化に関する決議案」を国会に提出し、大野が提案理由を説明した。

私どもは、消防関係の職員が、一朝事ある際には、身命を賭し、犠牲的精神をもって水火の難におもむく崇高な態度に対し満腔《まんこう》の敬意を表するものでありまして、特に義勇的に出動する消防団員に対しては感謝の念を禁じ得ないのであります。私は、これらの人々に対しては、すみやかに何らかの微意を表すべきであると信じます。

決議案は、野党陣営の賛意も得て、起立多数で可決された。そんな大野の努力が実を結び、数年後、約三億円もの助成金を取ることに成功する。しかし、それだけでは決して十分とはいえなかった。当時、日本中で発生する火災による被害額は年間約三五〇億余円にも及んだ。一日一億円近い人々の財産が灰になっている計算である。その後も大野は予算増額に奔走した。

そのうち、日本消防協会から会長就任を依頼され、これを引き受けることとなる。大野は就任にあたり、いきなり日本消防会館の建て替え構想に言及した。当時の日本消防会館は戦後の資材不足の中で造られた木造二階建ての極めて簡素なもので、併設されている木造平屋建ての宿舎も貧弱な造りだった。あまりに唐突な提案だったが、会長就任後初の理事会で、建て替えが決まり、建設資金はすべて会員を中心に浄財で賄うこととなり、まず言い出しっぺの大野が五〇万円を寄付した。（『日本消防百年史』第三巻）

ところが、思うように寄付は集まらなかった。このままでは着工できない。当然、どの建設会社に依頼しても、いつまでに、いくら集まるかも分からない寄付をあてに起工することはできないと断わられる始末であった。そこで大野は、囲碁仲間だった間組のワンマン社長・神部《かんべ》満之助《まんのすけ》に頼み込んだ。「国のためなら、自分の犠牲をいとわない義侠の人」だった神部は、

「よろしい。消防団といえば、国家の大切な団体です。お役に立ちましょう。金は立て替えて建てておきます。その間に先生は寄付金を集めて下さい」と、快く了承した。（『大野伴睦回想録』）

「無から有を生みだす」

一方、浄財の方は、まず日本損害保険協会に一億円の寄付を依頼することにした。火災保険を扱っている以上、無視できないはずである。会長の田中徳次郎《たなかとくじろう》とは初対面だったが、用件を述べると、これを快諾した。大野は「さっそくご援助下さって有難うございます。では、これだけお願いしましょう……」と右手の人差し指を差し出した。

「なるほど、一千万円でございますか――」

「いや桁がひとつ違います」

「えっ、一億円ですか――」（同右書）

田中の表情が一瞬にして険しくなる。結局、自分一人では決められないとして、後日、返答することとなった。ところが、待てど暮らせど回答が来ない。ようやく半年が過ぎた頃、田中から、協議の末、三〇〇〇万円を寄付することになったとの報告があった。だが、大野は容易には引き下がらなかった。

「田中さん、一億円といえば三千万円くらい寄付してもらえると、サバを読んで申し上げたのではない。消防の強化で火災の被害が減れば、あなた方の会社にとっても大きな利益でしょう。日夜を問わず消防に身を挺している人たちに、一億円くらい寄付しても罰は当りますまい」（同右書）

こう啖呵を切った。さらに半年後、再び田中から連絡が入る。五〇〇〇万円で応諾してほしいという。さすがに二度も突き返すわけにはいかない。謹んで受け取ることにした。

日本消防会館は二年三か月を経て無事に完成し、一九五九（昭和三四）年二月一二日に落成式を迎えた。地下一階、地上五階の鉄筋コンクリート造で、総工費は約四億四〇〇〇万円だった。最終的に大野は五億円もの寄付を集めることに成功した。その秘訣を問われた大野は、次のように答えた。

「無から有を生みだす。これが政治家たるものの、力量と手腕の見せどころさ。天下国家、多くの人のためになることに、財界人もすげない態度はとらないものだ。要は相手が信用するか、どうか。つまり、そこが政治家の生命とでもいうものだろう」(同右書)

当時、正月になると、芝下高輪町の大野邸の門前を会場に地元住民で作る高輪共和会主催の賀詞交歓会が開かれた。旧大野邸の斜め向かいに住む片桐義雄《かたぎりよしお》によると、賀詞交歓会では、大野が日本消防協会会長に加え、江戸消防記念会名誉会長、関東鳶職連合会名誉顧問、全国都市消防長連絡協議会顧問だったこともあって、火消し鳶職人による梯子乗りや木遣《きや》りが披露されたという。幼少だった片桐にとって、それを見物するのが正月のいちばんの楽しみだったらしい。

火事といえば、大野は福井県北端の芦原温泉一帯を火の海にした芦原大火後の復旧にも尽力した。明治初期の開湯以来、「関西の奥座敷」として愛され、元首相の伊藤博文《いとうひろぶみ》や岡田啓介、吉田茂も訪れた芦原温泉に火の手が上がったのは、一九五六(昭和三一)年四月のことである。死者一人、負傷者三四九人、三〇〇棟以上の建物が全焼し、温泉旅館の大半が焼失した。

万木通完成記念碑（あわら市役所提供）

焼け野原となった温泉街の復旧に際し、大野は地元と建設省との間を取り持った。四本の泉源を潰すことになる建設省の出した都市計画案に、地元の旅館協同組合が猛反発したためである。泉源は温泉の生命である。大野は地元の意向を建設省に伝え、交渉を繰り返した結果、都市計画案は変更されることとなった。

これに喜んだ住民は、大野の努力を後世に伝えるべく、新設させたメインストリートを大野の俳号「万木」を取って「万木通」と命名した（『芦原温泉ものがたり』）。今も温泉旅館「長谷川」の駐車場内に、当時の福井県知事・北栄造《きたえいぞう》の揮毫《きごう》で、開通を記念する「万木通完成記念碑」が建っている。

富士の白雪

鳩山にとって首相としての最重要課題は日ソ国交回復の実現だった。日本は一九五一（昭和二六）年九月、連合国四八か国との間で講和条約を結ぶも、調印を拒否したソ連とは「戦争状態終結未確認」の状態が続いていた。翌年四月の講和条約の発効を経て、六月、日本は国連加盟を申請するも、ソ連の拒否権発動により否決されてしまう。国連加盟にはソ連の承認、日ソ国交回復が必須であった。

日ソ間には、シベリアにおける日本人抑留者の帰還問題、不法占拠された北方領土の返還問題という難儀な懸案事項が横たわっていた。そのため、協議は難航を極めるも、最終的に一九五六（昭和三一）年一〇月、鳩山自らが病躯を押してモスクワに乗り込み、粘り強い交渉の末、北方領土の返還問題は棚上げにしたまま何とか「日ソ共同宣言」の調印に漕ぎ着ける。これにより、ソ連との戦争状態は終結し、日本は国連加盟を果たして八〇番目の加盟国となり、さらにシベリアの日本人抑留者が祖国の土を踏んだ。この日ソ国交回復は鳩山の花道となり、一二月一三日、第三次鳩山内閣は総辞職した。

鳩山退陣を前に、自民党内では、その後継を選ぶ総裁選挙に向けた多数派工作が激化した。緒方に続いて七月四日には胃癌に冒されていた三木武吉が逝去し、状況は混沌としていた。この頃、自民党には「七個師団三連隊」と称される派閥が形成されつつあった。旧日本民主党系が石橋湛山派、河野一郎派、岸信介派、旧自由党系が石井光次郎派、大野派、吉田派（池田系、佐藤栄作系）、さらに旧改進党系としては松村謙三・三木武夫派、芦田均派、北村徳太郎派、大麻唯男派で、このうち、芦田、北村、大麻のグループは規模としては「連隊」クラスで、残りの七つが「師団」と見られた。

ただし、派閥といっても、厳密に組織化されたものではなく、メンバーの派閥に対する帰属意識も希薄で、派閥間の境界も明確ではなかった（『石橋政権・七十一日』）。大野派も、昭和電工事件の際、最後まで大野の無罪を訴え、慰め続けてきた村上が中心となって自然発生的に作られたもので、事務所すら置いていなかった。

総裁選挙には、石井、石橋、岸の三人が名乗りを上げた。石井派と池田系は石井を、石橋派、松村・三木派、芦田派、北村派は石橋を、岸派、河野派、佐藤系、大麻派は岸を支援することに決するも、約五〇票を持つ大野派だけは最後まで中立を保った。だが、それは表向きのことで、大野は早くから石橋支持を決め、石橋陣営の石田博英と連絡を取り合いながら水面下で多数派工作を進めていた。（同右書）

大野が石橋支持に踏み切った理由は、石橋が大野に「党務は一切あなたにまかせる」と約束したことを大野が「副総裁」への起用と受け取ったためと言われている（『派閥と多党化時代』増補新版）。ただ、石田は「事実に反する」として明確に否定しており、真相は不明である。（『石橋政権・七十一日』）

選挙戦は当初、岸優勢が伝えられていた。キャスティング・ボートを握るのは大野派である。大野が密かに石橋陣営に加勢していることを知らない岸は、大野邸を訪ね、土下座せんばかりの勢いで大野に頭を下げて支援を要請するも、大野は民謡「ノーエ節」の一節を取って「ワシの心境は富士の白雪のように白紙だよ」とうそぶいた。（『派閥』）

富士の白雪ゃノーエ　富士の白雪ゃノーエ
富士のサイサイ　白雪ゃ朝日でとける
とけて流れてノーエ　とけて流れてノーエ
とけてサイサイ　流れて三島にそそぐ

三島は石橋の選挙区・静岡三区の域内である。大野派の支援を得た石橋陣営は石橋と石井の「二、三位連合」の密約を結ぶという策略を練った。その中心は大野と石井支持の池田で、二人は阿吽の呼吸で調整に乗り出す。（『政客列伝』）

総裁選挙は、自民党の国会議員と地方代議員二人による投票によって行なわれ、過半数を獲得した候補者がいなかった場合は上位二人の決選投票になるという仕組みであった。臨時党大会の一回目の投票では、岸が二二三票、石橋が一五一票、石井が一三七票で、いずれも過半数に達しなかった。そこで上位二人の決選投票に持ち込まれ、その結果、石橋が二五八票、岸が二五一票と、わずか七票差で石橋が勝利を収める。大野と池田が演出した逆転劇は見事に成功した。

一方、この選挙戦では莫大な資金とポストの空手形の乱発が目立った。もちろん総裁選挙には公職選挙法の規制は及ばない。そのため、岸陣営は三億円、石橋陣営は一億五〇〇〇万円、石井陣営は八〇〇〇万円もの資金を使い、石田は石橋勝利に向け六〇枚の空手形を発行したと噂された（『派閥と多党化時代』増補新版）。結局、石橋が大野に約したはずの副総裁就任も見送られた。

大野派

ところが、内閣発足から一か月を経た一九五七（昭和三二）年一月二四日、石橋は肺炎を起こしたうえ、脳梗塞の兆候があることが判明し、しばらくの間、静養を余儀なくされる。石橋は外務大臣となった岸を首相臨時代理に指名するも、その後も健康状態がすぐれず、わずか六五日で退陣するに至った。石橋の辞任を受け、自民党は総裁選挙で善戦した岸を後継とすることとし、二月二五日、第一次岸内閣が誕生した。

一方、大野派は、その体制を盤石にすべく、派閥の名称を「富士の白雪」にちなんで「白政会」とすることとし、小雪舞う三月五日、一番町の住宅街に構えた事務所で、開設披露のカクテル・パーティーを開いた。来賓として招かれた河野は、春秋会、すなわち河野派を代表して祝辞を述べ、「政策論や理くつをこねたい者は春秋会に来て頂きたい。芸能を楽しみ、酒を飲もうと思ったらこの白政会に集まりましょう」と締めくくった（『派閥』）。いささか厭味ったらしく聞こえるが、これは大野派らしさを見事に言い当てた表現である。

大野派は自民党の派閥の中でも「最も団結の固いグループ」と評され（同右書）、メンバーは親分である大野を慕い、大野も子分であるメンバーのためにポストや資金といったさまざまな面において全力でサポートした。毎週木曜日に開かれる定例会もなごやかそのものだった。メンバーの一人である辻寛一《つじかんいち》は、大野派について次のように語っている。

一口にいって、何とあたたかい、いいもんだろう、と思った。議員歴は古くても派閥歴の新らしい小生は、慈父の如き家長の観ある先生に接して、今更のように大野派の団結は強いと、いわれてきた事が合点されて、大野派に入った身の冥利を感謝した。だから、小生は派閥の悪口をいったことがない。第一悪いところを知らないんだから……。(『大野伴睦』)

白政会が作られる以前のことだが、第三次鳩山内閣発足に際し、大野側近の村上のところに自らの入閣情報が流れてきた。やがて新聞辞令が出る。組閣当日、村上は真相を確かめるべく大野邸に赴いた。だが、大野は、そっぽを向くばかりで、何も語ろうとしない。村上は黙って引き揚げた。ところがしばらくして官房長官となった根本龍太郎から「すぐモーニングに着替え、三〇分後に首相官邸に来て下さい」と連絡が入った。(同右書)

新聞辞令は事実だった。しかし、困ったことにモーニングコートを用意していない。今から自宅に戻って着替え、それから首相官邸に行くようでは、とても間に合わない。慌てて運転手に取りに行くよう指示を出す。すると、もう手配してあるという。驚いて理由を尋ねると、「実は本会議が始まる前に大野先生のお使いの方が来られて、モーニングを用意しておくようにいわれました」とのことだった。(同右書)

人事は最後まで分からない。仮に内定段階で本人に伝え、土壇場で白紙に戻ったら、それこそ親分としての信用を失う。あるいは事前に入閣情報が漏れれば、同じ派閥の仲間から嫉妬を買う恐れもある。正式に決まるまでは何も明かさない。ただし、本人が恥をかかないようスタッフには万全の措置をとらせておく。大野の気配りは実に細やかだった。

大野派から新人を立候補させるにあたり、大野は三〇万円の金策を主婦と生活社オーナーの大島秀一《おおしまひでいち》に依頼した。大島は快く引き受け、翌日、三〇万円の入ったハトロン紙の封筒を古紙に包んで大野邸に届けた。大野邸では、その新人と大野が何やら密談をしている。大島がかたわらから、そっと金包みを差し出すと、大野は「ありがとう」と言って、中身も確認せず、新人に「サア、ここに金があるから、これをもって行って選挙をやって来給え」と渡してしまった。(同右書)

普通は、本人のいないところで金包みを開き、ピンハネしてから残り分を渡すというのが、この世界では暗黙のルールとされている。大島も新人も唖然とすると同時に、大野の器の大きさに深い感銘を覚えたという。(『日本人の心を動かした政治家の名セリフ』)

大野派は当時、流行歌手の楠木繁夫《くすのきしげお》、その後、村田英雄《むらたひでお》が唄ってヒットした「人生劇場」を愛唱歌としていた。会合の最後には三節目の歌詞を変えて全員で合唱したという。

時世時節は　変ろとままよ

大野伴睦　男じゃないか
おれも生きたや　伴睦のように
義理と人情の　この世界（『大野伴睦』）

自民党副総裁に就任

「院外団精神は旗本精神である」

岸信介内閣最大の政策課題は日米安保条約改定だった。当時の日米安保条約は完全な不平等条約で、日本は「アメリカ合衆国の陸軍、空軍及び海軍を日本国内及びその附近に配備」する義務を負いながら、アメリカは「極東における国際の平和と安全の維持に寄与」するのみで日本を防衛する義務については明文化されていなかった。しかも「極東」といっても、その行動範囲が曖昧で、アメリカが一方的に拡大解釈できる内容となっていた。

さらに、日本に内乱、騒擾が発生した場合、それを鎮圧することができる「内乱条項」が存在し、条約の期限も設けられていなかった。アメリカの「事前の同意なくして、基地、基地における若しくは基地に関する権利、権力若しくは権能、駐兵若しくは演習の権利又は陸軍、空軍若しくは海軍の通過の権利を第三国に許与しない」という条項も、自らの決定事項にアメリカからの了承を得なければならず、とても対等な国と国との条約とはいえないものだった。

その片務性、不平等性を解消すべく、岸は日米安保条約改定に乗り出した。訪米の布石として、まず一九五七（昭和三二）年五月二〇日から一五日間にわたって、ビルマ、インド、パキスタン、セイロン、タイ、台湾の中華民国を回った。ビルマはのちのミャンマー、セイロンはスリランカである。この歴訪を通じて、岸は「アジアにおける日本の地位をつくり上げる、すなわちアジアの中心は日本であることを浮き彫りにさせること」を目指した（『岸信介回顧録』）。それがアメリカに対する発言力強化になると判断したからである。

東南アジア六か国歴訪を終えた岸は、「日米新時代」をスローガンに休む間もなくアメリカに向かった。事前の入念な準備と水面下での周到な工作が奏功し、日米間の交渉はスムーズに進み、日米共同声明に「千九百五十一年の安全保障条約が本質的に暫定的なものとして作成されたものであり、そのままの形で永久に存続することを意図したものではないという了解を確認した」という表現を盛り込ませることに成功した。これにより改定への道筋が切り開かれた。

アメリカから帰国した岸は七月一〇日、内閣改造を断行し、これにともない、石橋湛山内閣が総辞職する直前に自民党顧問という立場に就いていた大野を、挙党一致を図るべく副総裁に迎えた。大野も快く受け入れた。一九五六（昭和三一）年一二月の総裁選挙で石橋陣営に与《くみ》して以来、大野と岸の間にはしこりが残っていた。しかし、大野は「竹を割ったような性格」から、一旦、怨念が氷解すれば過去の遺恨も忘れ、その日からでも「水漁の仲になる」ことができるという天性の才能を有していた（『派閥』）。大野は常々、「院外団精神は旗本精神である」として、こうも語っていた。

苟《いやしく》も我党の総裁として迎えた者は旗本が身命を捨てて主君を守ったように、党員は一致団結して総裁を守り扶《たす》けねばならない、公選によって総裁を決するようになっても理義においては異るところはない。一旦総裁として当選した以上、総裁選挙においては対立の立場にあった者も従来の一切の行きがかりを一擲《いってき》して新総裁を守り扶けることが党員としての責任であり義務である。（『大野伴睦』）

岸は大野に厚い信頼を寄せた。大野も、これまでの私怨はすべて水に流し、岸を全面的に支えた。

蔣介石殺すにゃ……

副総裁就任から一か月後の八月三一日、マラヤ連邦のイギリスからの独立を記念する行事が開かれた。大野は岸の命を受け、首相特使として福田篤泰《ふくだとくやす》、櫻内義雄《さくらうちよしお》を副使として従え、純白のタキシードを着用し式典に参列した。

その帰り、大野は蔣介石に面会すべく台湾に飛んだ。当時、日本は、中国大陸を支配する中華人民共和国との間で、外交関係こそなかったものの「政経分離」を原則に民間レベルでの経済関係を強化、徐々に政治関係までも緊密化していくような「政経不可分」の傾向が見られるようになっていた。これに対し、大野は、岸をはじめ石井光次郎や船田中といった「親台湾グループ」、すなわち「台湾ロビー」の一人として(『日米関係と「二つの中国」』)、共産主義政権が君臨する中華人民共和国という存在を好ましからざるものと見なし、国交のある台湾の中華民国との関係深化を唱えていた。大野は、まず蔣介石に会うなり「以徳報怨」に対する感謝を伝えた。

「十年に及ぶ戦いで中国には膨大な損害をかけたのに、あなたは少しも報復措置をとらず、むしろ進んで日本人の帰国の便をはかられた。日本人として深く感謝の気持を表したい」

「そのように丁重な謝辞を述べられては、かえって恐縮です。戦争中ならいざ知らず、いったん平和になった以上は、本国送還の便をはかるのは当り前のことです」（『大野伴睦回想録』）

これは、一九四五（昭和二〇）年八月一五日、蔣介石が重慶の中央広播電台において「抗戦勝利告全国軍民及全世界人士書」を読み上げ、戦勝を告げると同時に敗戦した日本に対して東洋道徳に基づく寛大な処置を採用し報復を強く戒めたというものである。自民党の保守派は、これを「重大恩義」と呼び、「日本の天皇制の維持であるとか、日本の戦後の分割占領の防止、また賠償の放棄、二百数十万の軍隊、在留邦人の無事帰還とか、普通ではありえないような厚い好意すら台湾は敢えてした」と、これを称賛していた。（『戦前・戦後八十年』）

しかしながら、この「以徳報怨」に関しては、純粋な日本への善意、好意ではなく、戦後、アメリカから見捨てられつつあった蔣介石が、その代わりとして日本を抱き込むために仕組んだ策略だったとする見方もあり、その事実関係を含め、今では評価が大きく分かれる。それでも当時の日本では蔣介石を慈悲深き聖人と讃える向きが強かった。

型通りの会談が終わり宴会へと移った。アルコールの勢いで気がゆるんだ大野は、蔣介石に向かって、こう述べた。

「蔣介石さん、実は今だからいえるのですが、戦争中はずいぶんとあなたの悪口を言って歩いたものですよ。こうやって酒杯をとり交わすとは、全く夢のようなことです。」

「そうですか、どんな悪口か教えてください。」

「では、お教えしましょう。『蔣介石殺すにゃ刃ものはいらぬ。玄能いっちょうあればよい』とね」（『大野伴睦回想録』）

「玄能《げんのう》」とは金づちのことである。蔣介石という「石」は金づちで叩けば潰せるという意味である。大野の随員たちの額から汗が流れる。ところが大野のジョークに当の蔣介石は大笑いし、二人の距離は一気に縮まったという。片言隻語の中にも深い知性とユーモアが込められていた。

日本プロレスコミッショナー

政権与党の中枢にまで登り詰めた大野には、複数の団体から役員就任の依頼が来るようになっていた。通常は単なる名義貸しのケースが多く、大野の場合も、その大半が何の権限も責任も有しないシンボリックな名誉職ばかりであった。だが、大野は決して、それだけにとどまらず、無償どころか自らのポケットマネーを捻出し、率先して運営に協力した。

全国遊技業組合連合会顧問に引揚者団体全国連合会会長、果ては東京都トルコ浴場協会名誉会長に至るまで、その分野は多岐にわたった。「三味線姉妹」や「ソーラン渡り鳥」といったヒット曲を連発した双子デュオ・こまどり姉妹《しまい》の後見人をはじめ、多くの芸能人のサポートもしている。

大野の住まいのある芝下高輪町の町内会（自治会）・高輪共和会では、発足当初から会長として地域活動に汗を流した。「ぽんと十万円を投げ出した功績でまつり上げられた」らしい（「読売新聞」一九五八年六月二〇日朝刊）。芝下高輪町には、多くの財界人や文化人の屋敷が点在し、大野邸の隣は東京瓦斯電気工業をはじめ数々の会社経営に携わった元首相の松方正義《まつかたまさよし》の五男・五郎《ごろう》邸があった。地元住民は、大野邸の前の通りを「バンボク横丁」と呼んでいたという。いま大野邸の跡地には地下一階、地上五階のマンションが建っている。

自民党副総裁となった大野は、当時、就いていた一〇〇を超える団体の役職をすべて返上して党務に専念するつもりでいた（『日本プロレス三〇年史』）。ところが、そんな矢先、日本プロレスコミッショナーの就任要請が舞い込んで来る。大野がプロレスに関わることになったのは、力道山《りきどうざん》の存在が大きい。「日本プロレス界の父」と評される昭和の大スターで、その必殺技「空手チョップ」は、敗戦で疲弊し切っていた多くの日本人を熱狂の渦に巻き込んだ。二人は、日本プロレスコミッション事務局長で柔道評論家の工藤雷介《くどうらいすけ》を通じて知り合った。工藤は戦前、玄洋社の総帥である頭山満《とうやまみつる》の薫陶《くんとう》を受け、戦時中は右翼活動家として政治運動に関わってきた人物で、大野とは、その頃に出会い昵懇《じっこん》の仲になったという。（『もう一つの昭和史1』）

大野は力道山のことを「リキ」、力道山は大野のことを「おやじさん」と呼ぶほど二人は親密になっていった（『日本プロレス三〇年史』）。一九五七（昭和三二）年一〇月、コミッショナーに就任した大野は、力道山はもちろん、日本プロレスの後ろ盾として、その政治力を遺憾なく発揮した。

大野コミッショナーのプロレスに対する愛情は通り一ぺんのものではなかった。たとえ国会の会期中でも、特に重要な大試合にはリング・サイドのコミッショナー席に姿を見せ

られた。（同右書）

力道山が結婚した際、大野は仲人を引き受けた。さらに全国区からの参議院議員選挙への出馬を促したこともあった。力道山も少なからず国政には関心を持っていた。朝鮮半島北部生まれだったため、「日本と朝鮮の架け橋として奔走しよう」との考えもあったが、この時は「俺はまだ政治家になるような器じゃない」と言って断ったらしい。（『夫・力道山の慟哭』）

誓約書

一方、日米安保条約改定に向けた日米間での具体的協議は順調に進み、一九五八（昭和三三）年秋までには、条約案の大まかな骨組みが固まった。岸内閣は絶頂期を迎えていた。ところが、一〇月八日、岸が突如として衆議院に警察官職務執行法の改正案を上程すると、間もなく世間を巻き込む大騒動となり、政権基盤が揺らぎ始める。

この法律は、「警察の弱体化政策」の一環として、「占領時代たけなわ」の頃に作られたもので、「警察の権限は極力縮小」されていた（『岸信介回顧録』）。これを占領統治の残滓と見なした岸は、「警察官が責任を持って治安維持にあたるには、犯罪が起る前にそれをある程度予防する措置も講じなければならない」と考えたのである（『岸信介証言録』）。それは同時に日米安保条約改定に際して起こるかもしれない反対派による暴動に備えた対応でもあった。これに対して野党陣営は「警察国家」への回帰を促すものと反発し、社会党を中心に総評（日本労働組合総評議会）をはじめとする在野勢力が「警職法改悪反対国民会議」を結成して、大規模な大衆運動を繰り広げた。

結局、改正案は自民党内でも批判が上がり、廃案に追い込まれた。挙句の果てに国務大臣の池田勇人、文部大臣の灘尾弘吉《なだおひろきち》、経済企画庁長官の三木武夫が揃って連袂辞職し、岸を困惑させた。目前に迫る総裁選挙を見据えた池田派、三木・松村派、石井派による揺さぶりでもあった。岸は窮地に立たされた。このままでは改定は行き詰まる。手荒な政権運営に、さすがの大野も嫌気が差し、密かに副総裁を辞し身を引く決意を固めていた。仮に大野が離反し、反主流派と組めば、岸内閣はたちまち崩壊する。

そんな中、年が明けて一九五九（昭和三四）年一月五日、突然、熱海の別荘にいる岸から大野に、すぐに会いたいとの連絡が入った。行ってみると、そこには河野一郎も待っていた。岸は大野に向かって、こう宣言した。

「どうか岸内閣を助けていただきたい。私は太く短く生きるつもりです。いつまでも政権に恋々としていようとは思わない。しかし今退陣したのでは、岸内閣は何ひとつしなかったといわれ、世間から笑われます。私は岸政権の歴史に残るただひとつの仕事として安保条約の改定をしたい。安保改定さえ終れば、私は直ちに退陣します。後継者としては、大野さん、あなたが一番良いと思う。私はあなたを必ず後継総裁に推すつもりです……」

（『大野伴睦回想録』）

もちろん、大野には、そこまでの野心はなかった。一六日、帝国ホテルの一室に、この三人に加え、岸の実弟で大蔵大臣の佐藤栄作、さらに「戦後最大のフィクサー」と呼ばれた児玉《こだま》誉士夫《よしお》、映画プロデューサーで大映率いる永田雅一《ながたまさいち》、北炭（北海道炭砿汽船）グループの総帥である萩原吉太郎《はぎわらきちたろう》の七人が集まった。岸は再び大野に政権禅譲《ぜんじょう》を訴え、協力を要請した。大野は、これを了承した。すると永田が「政治家諸公はときどき口にしたことを、実行しないクセがあるから、きょうはひとつ誓約書を作っておかれてはどうか……」と提案した（『悪政・銃声・乱世』）。岸も、これに同意し、自ら筆を執った。

誓約書

昭和三十四年一月十六日 萩原 永田 児玉三君立會の下に於て申合せたる件については協力一致実現を期すること右誓約する。（同右書）

そして、岸、大野、河野、佐藤の順番で署名した。これは岸の次は大野、大野の次は河野、河野の次は佐藤という政権移行の順序を意味するものだった。立会人の児玉、永田、萩原は無言で、その様子を見詰めていた。誓約書は萩原のオフィスの金庫に保管することとなった。この誓約書は、結局は「空証文《そらしょうもん》」に終わり、大野、河野も宰相の椅子に座ることはなかった。しかし、これにより岸は辛うじて危機を脱し、一週間後の総裁選挙では、反主流派が擁立した松村謙三を跳ね除け圧勝し、総裁に再選された。

それから間もなくの三月七日、鳩山一郎が狭心症のため、七七歳で鬼籍に入った。大野は慈父を失うほどのショックを受けた。一一日に行なわれた自民党葬では、微笑みを浮かべながら式場を見下ろす鳩山の遺影を前に大野が弔辞を読み、「ほととぎす九天高く去り行きぬ」との一句を師に贈った。（『大野万木句集』）

第6章　自民党の長老として

陳情の極意

千客万来

義理人情をモットーとする大野伴睦が、大衆政治家として強いこだわりを持ったのが陳情だった。特に自民党副総裁になってからは、大小問わず多くの陳情が大野のところに転がり込むようになった。

党派にこだわらず、相手を選ばないで一応は、その事柄が大局からみて国に迷惑をかけないのなら、私はなんでも尽力する。一部の人は、このようなやり方をボス政治だとか非難するが、私は気にしていない。民主政治のもとでは、大勢の人のためになることを積極的に果すことが政治家の務めである。（『大野伴睦回想録』）

大野邸には、毎日のように大勢の客人が押し寄せた。そのため、どんなに夜遅くに帰宅しても「お客さまを待たせないように」と、翌朝は午前五時には起きて、陳情に来る客人を待っていた（『大野伴睦』）。大野の妻・君子は、陳情のため夜行列車に揺られて上京して来る人々に、カレーライスを振る舞ったという。

ある日、大野の選挙区・岐阜一区の域内に入る揖斐郡久瀬村から村長の高橋定《たかはしてい》がやって来た。ダム建設の協力を仰ぐためである。しかし、高橋は同じ岐阜一区で大野と対立する自民党の木村公平《きむらこうへい》陣営に与していたため、大野邸に到着するも、敷居が高く、しばらくの間、最寄りの品川駅との間で行ったり来たりを繰り返した。

だが、今さら帰るわけにもいかない。勇《ゆう》を鼓《こ》して中に入ると、大野が出てきた。応接間に通されると、そこには足の踏み場もないほどの虎の置物が飾ってあった。高橋は「今日まで先生に一票も、わが村から差上げていないのに、ずうずうしくお願いにあがって申し訳ありません」と言いながら、ダム建設の協力を要請した。（『大野伴睦』）

大野は虚心坦懐に高橋の訴えに耳を傾け、「それは簡単にはゆかぬ問題のようだが出来るだけ努力しましょう。ダムの問題は地元だけの問題ではなく岐阜県全体の問題でもあるから。選挙の票の問題は気にされる必要はない。あなたの村へ僕は一度も頼みに行ったこともないではないか」と述べ、これを快諾した（同右書）。久瀬ダムの竣工は当初、一〇年先といわれていた。ところが、大野の後押しにより三年を待たずして完成する。

それだけではない。鉄筋コンクリート造りの村役場に小学校、さらに道路、上下水道と、周辺地域のインフラも大野の尽力によって整えられた。高橋は再び大野邸を訪れた。

「なんかお礼のしるしをさして頂き度い」

「お礼はいらぬから選挙の時もし頼みに行ったら票を入れて貰いたい。まあよかったよかった」

「大野先生本当に有難うございました。お礼のしようもないのでせめて句碑でも」（同右書）

高橋は、すっかり大野に魅了され、以来、久瀬村における大野の支持が広がっていったという。しばらくして、久瀬ダムの畔に句碑が建てられ、その除幕式が行なわれた。

蜩《ひぐらし》や　徐《しず》かに昏《く》れ初《そ》む久瀬の湖（『大野万木句集』）

式典後、久瀬小学校の講堂で祝宴が開かれた。スピーチに立った高橋は、大野とのエピソードを語り始めた。途中、涙で声が詰まる。参列していた大野の目もかすかに潤んでいた。

「大野伴睦男でござる」

北里柴三郎が初代会長を務めた日本医師会からの陳情に対しても協力を惜しまなかった。戦前、大野が東京市会議員選挙に出馬した際、自ら先頭に立って選挙戦を指揮し、選挙資金の面倒まで見た北里は、大野にとっては忘れ得ぬ恩人の一人である。

大野は「私は常にお医者さんの味方となる」として（『大野伴睦回想録』）、国民皆保険の実施、医療金融公庫の創設、さらに地元では岐阜県立医科大学の国立移管にも尽力した。当時、日本医師会会長だった武見太郎《たけみたろう》は、こう述懐している。

大野さんは、「きみのいうことは北里先生のいうことだと思っておれは全部バックアップしてやるから、用があったらおれのところへ来い」といわれた。私はむやみやたらと大野さんを利用するようなことはしなかったが、とにかく大野さんは、どんなに人が大勢いても私が行くとすぐに会ってくださって、用件を簡単に話して帰ると、そのことはちゃんと実行してくれた。（『戦前戦中戦後』）

一九五八（昭和三三）年一月一三日、この日、靖国神社近くの九段会館で日本遺族会が主催する第一一回全国戦没者遺族大会が開催された。一五〇〇人もの戦没者遺族は、白色の襷《たすき》を着用し、当時、自民党が掲げていた軍人恩給の公務扶助料を文官恩給並みに是正するという公約を早急に実現するようシュプレヒコールを上げた。その後、参加者は靖国神社を参拝し、次いで三四台もの大型バスに分乗して首相・岸信介のところに向かおうとした。いよいよ出発という時、「一寸お待ちなさい、只今自民党の副総裁大野伴睦先生が駆けつけられました」との声が響く（『大野伴睦』）。マイクを握った大野は、いきり立つ戦没者遺族に対して、こう訴えた。

「大野伴睦男でござる。皆さんに対する党の公約は必ず実行することをお約束する。遺族

の皆さんは自重して待機されたい」（同右書）

大野は戦没者遺族の要望に応えるべく、事前に大蔵大臣の一万田尚登《いちまだひさと》と公務扶助料の増額について交渉していたのである。それから一週間後、早くも岸の裁断で公務扶助料が年額三万五二〇〇円から五万三二〇〇円にまでアップすることが決まった。

さらに大野は戦没者未亡人を対象とする「戦没者等の妻に対する特別給付金支給法」の成立にも奔走し、全国から大野邸にやって来る戦没者遺族の陳情を積極的に引き受けた。大野の協力に感激した戦没者遺族は、以来、大野を「慈父とも慕う大恩人」と呼び（同右書）、一九五九（昭和三四）年一〇月には岐阜市民センターにて大野に謝意を表すべく感謝の集いを開催し、地元の岐阜護国神社の境内に大野の句碑まで建てた。

いさをしわ永久に伝へん梅の花（『大野万木句集』）

伴睦峠

「大は天下国家の重要事から、小は記念撮影のお付き合いまで、事柄の大小は問わない」と語っているように（『大野伴睦回想録』）、大野は自分にとって何のプラスにもならない陳情も無条件で応諾した。国道二九三号の栃木県那須郡那珂川町矢又（旧馬頭町富山）と茨城県常陸大宮市鷲子（旧那珂郡美和村大字鷲子）の県境付近、栃木県側に「伴睦峠」なる峠がある。かつて、この峠を通る道路は、降雨に遭えばたちまち泥濘の道と化し、容易に越すことができない悪路として人々を悩ませていた。

やがて、自動車が普及するにつれて、地元から改修を求める要望が強まっていった。ようやく県単独事業として工事が始まった。ところが、予算不足により工事の進行が遅れてしまう。住民は一致協力して、関係方面への陳情を繰り広げた。すると、しばらくして彼らの切実な願いが大野の耳にも達し、その政治力で国庫補助事業となり、一気に工事が進み、完成に漕ぎ着ける（『馬頭町史』）。峠は広く開削《かいさく》され、深い谷には橋も架けられた（『栃木の峠』）。人々は大野の功労を讃え、峠の名前を「伴睦峠」と命名し、記念碑の傍に大野の句碑を建てた。

海につづくこの道ながし風光る（『馬頭町史』）

記念碑に刻まれる「伴睦峠開通記念」の揮毫《きごう》を頼まれた大野は「福井県の万木通りは号をと

ったものだからまだしも、本名を使われるのはちと面はゆい」と言いつつ、まんざらでもない表情を浮かべていたという（「読売新聞」一九六三年一月一四日朝刊）。一九六三（昭和三八）年六月に行なわれた記念碑と句碑の除幕式に出席した大野は、終始、上機嫌だったらしい。

伴睦峠に建てられた句碑と記念碑（筆者撮影）

中には、いささか型破りなものもあった。戦前は「湯島の白梅」や「勘太郎月夜唄」、戦後は「長崎のザボン売り」をはじめ数々のヒット曲を生み出した流行歌手・小畑実《おばたみのる》からの依頼である。結婚に反対する婚約者の両親を説得してほしいというものだった。大野は笑顔で快諾し、相手の両親に会って「わたしの息子の嫁にするのだから、理由はいろいろとあろうが是非たのむ」と頭を下げた（『大野伴睦』）。飛ぶ鳥を落とす勢いの大物政治家に、ここまでされたら、さすがに拒絶するわけにはいかない。小畑は感激のあまり言葉を失った。

小畑は幼い頃に両親を亡くしていたため、東京會舘の挙式には大野夫妻が親代わりとして出席した。新婦の両親は若い二人に「大野先生のご恩は二人とも終生忘れてはいけない。わたし達同様の両親と思って、尊敬と孝養をつくしなさい」と述べたという。（同右書）

その後、小畑は選挙となればコンサートをキャンセルしてまで大野の選挙区に入り、区内全域を回ってトラックの上から大声で支持を訴えた。マネージャーが呆れるほど無我夢中だった。選挙後、大野は小畑に「実君、ご苦労。よくやってくれたね、おかげ大勝だよ。そうそう投票函の中に君の票が大分入っていたそうだよ」と苦笑いしながらねぎらったという。（同右書）

トップ争いへ

「おー伴睦さんだ」

一方、日米安保条約改定に向けた日米間の交渉は、その後、着々と進んだ。一九六〇（昭和三五）年一月六日に妥結、岸信介一行はアメリカに向け出発し、一九日、ホワイトハウスのイースト・ルームにおいて新たな日米安保条約が調印された。その内容は、アメリカの日本を防衛する義務を明文化したのみならず、条約の期限を一〇年と定め、内乱条項も削除、日米間の経済協力促進に関する条項も挿入された。さらに交換公文において「基地としての日本国内の施設及び区域の使用」に事前協議の制限を加え、旧日米安保条約の欠陥を是正する内容となった。

そして、半年後の批准書の交換において、アメリカ大統領・アイゼンハワーを日本に迎えることも決まる。ただ、新条約だけに国会を通過させなければならない。岸にとって、ここからが波乱の幕開けとなった。

「安保花道論」がささやかれる中、岸は「安保ができあがったら俺は辞めるんだなどということは無責任」として、政権持続のための一手として帰国後の衆議院解散を目論んだ（『岸信介証言録』）。だが、反主流派の抵抗に遭い、自民党幹事長の川島正次郎《かわしましょうじろう》から咎《とが》められ、解散を断念した。

野党陣営も徹底抗戦の構えを見せた。改定阻止に向け態勢固めをしていく。三月末には警職法改悪反対国民会議が「安保条約改定阻止国民会議」に衣替えし、本格的な反対運動に乗り出した。国会の会期末は五月二六日だった。このままでは新条約の批准承認は無理と見た自民党は一九日、五〇日間の会期延長と批准承認案件の採決を二〇日未明までに単独で強行採決、可決し、これで衆議院解散をしない限りは、六月一九日に自然承認されることが確実となった。この日はアイゼンハワーの来日予定日でもあった。

反対運動の勢いはエスカレートする一方だった。国会議事堂は群衆に囲まれ、物々しい雰囲気が漂い、自民党の国会議員たちは、その包囲網を潜り抜けるのに大きな危険を覚悟しなければならなかった。ところが、なぜか大野だけは特別扱いだった。

大野伴睦が車の窓を開け「自民党の大野伴睦だ」と言うと、デモ隊員たちは「おー伴睦さんだ」「どうぞ」と言って通してくれた。(『素顔の首相と大物政治家』)

いかに大衆に愛されていたかが分かる。大野は「僕はデモがあっても平気だよ」と自慢していたらしい(同右書)。物情騒然とする中、アイゼンハワー来日に先立って打ち合わせのために日本に来たアイゼンハワー側近の一人であるハガチーが、羽田空港で反対派に取り囲まれ、怒号と投石を浴びながらヘリコプターで脱出するというハガチー事件が発生した。

さらに反対派の中から二二歳の全学連(全日本学生自治会総連合)主流派女性(樺《かんば》美智子《みちこ》)が乱闘に巻き込まれ、圧死するという悲劇が起こる。岸は何とかしてアイゼンハワー来日を実現させようとするが、この事故により、訪日延期、事実上の中止を決めた。その瞬間、岸は退陣を決意、間もなく自然承認を迎え、二一日に新条約批准を閣議決定し、翌日にはアメリカの上院でも批准承認が終わり、二三日、外務大臣公邸にて日米間の批准書が交換された。

同じ日、岸は「ここに私は歴史的意義のある新条約の発効にさいし、人心を一新し、国内外の体制に適応する新政策を強力に推進するため政局転換の必要を痛感」して首相辞任を表明した（「読売新聞」一九六〇年六月二三日夕刊）。これにより、反対派の人波も潮が引くように静まっていった。

屈辱と裏切り

岸の退陣により、いよいよ大野にトップの座が回ってくることとなった。岸との間で禅譲の誓約書が交わされていたためである。大野は岸を信頼し切っていた。

自民党総裁選挙には大野に加え、池田勇人、石井光次郎、藤山愛一郎、松村謙三の五人が名乗りを上げた。大野支持は、大野派と河野一郎の河野派、そして岸派の川島系だった。ところが、岸本人は密約があったにもかかわらず、なかなか大野支持を明らかにしない。

のちの読売新聞グループ本社主筆で、当時、大野の番記者だった渡邉恒雄《わたなべつねお》は、誓約書が有効かどうかを確認すべく、岸のところへ赴いた。すると岸は「白さも白し富士の白雪でしゅよ」と答えたという（『天運天職』）。一九五六（昭和三一）年一二月の総裁選挙の際、立候補した岸が大野に支援を求めた時に、大野が岸に向かって吐き捨てた言葉であった。その恨みを岸は持ち続けていたのである。誓約書は「白」、すなわち「白紙」という意味である。

渡邉は慌てて大野に誓約書は無効であると力説した。だが、かたわらにいた大野陣営の村上勇は「君、君は新聞記者だろう。新聞記者が岸さんに会ったって、岸さんが本当のことを言うわけないだろう。俺は岸さんに直接会って、大野先生をやってくれる確証を持っているんだ」と反論したという（同右書）。大野には耳障りのいい情報しか入っていなかった。岸派の中で大野支持を鮮明にしていた川島の動きも鈍かった。やがて、投開票日が目前に迫るとホテルニュージャパンの一室に事務所を置いて、集票工作を繰り広げた。

最後の票読みでは大野が約一七〇票でトップ、石井は七〇票台に止まり、決選投票で大野、石井がタッグを組めば、藤山派からの流票や中間派の散票を含め過半数は取れるとの確信を得た。人事を尽くして天命を待つのみである。明日は総裁選挙という七月一二日夜、さっぱりした気分で大野は床に入った。

ところが、夜中の午前二時過ぎ、ようやく眠りについたところで、突然、大野陣営の青木正《あおきまさし》、水田三喜男、そして村上に叩き起こされた。「参議院の石井派が池田派に切りくずされ、総くずれになってしまった」という（『大野伴睦回想録』）。このままでは決選投票になっても石井派から大野に二〇票程度しか入らない。さらに藤山派も岸の攻勢により、大半が池田支持に回った。

やがて、三人に続いて川島がやって来た。川島は、党人派が二分されれば官僚派の池田には勝てないとして、大野に出馬を断念するよう進言した。大野は「身を殺して仁を成す」として、これを受け入れ、出馬を辞退し、党人派は石井一本に絞ることになった。

この混乱により、総裁選挙は一日延期となった。しかし、その一日の間に党人派の足並みは乱れ、次々と切り崩されていった。大野に出馬を取り止めるよう迫った川島も一転、優勢が伝えられていた池田に寝返った。川島の応援を信じ切っていた党人派は反発するも、川島はまったく意に介さず「大野君には義理があるが石井君にはなんの義理もないからね」と語り「おとぼけ正次郎」を演じる始末であった。（「読売新聞」一九六〇年七月一四日朝刊）

一回目の投票は池田が二四六票、石井が一九六票、藤山が四九票、松村が五票、大野と佐藤栄作にも、それぞれ一票ずつ入った。だが、過半数を得た候補者がいなかったため上位二人による決選投票となり、その結果、池田が三〇二票、石井が一九四票で、弓折れ矢尽きた党人派の敗北に終わった。落胆した大野は渡邉の前で涙を流し、「なぜ負けたと思いますか」との問いに「悪いヤツに騙された」と答えたという（『天運天職』）。「悪いヤツ」とは川島のことである。もちろん密約を破った岸に対する憎しみも相当なものだった。

再び自民党副総裁に

岐阜羽島駅

池田勇人内閣発足にともない、大野は自民党顧問、一年後の一九六一（昭和三六）年七月には再び副総裁に就任した。池田と大野は総裁選挙をめぐって争ったものの、個人的な恨み辛みは一切なく、信頼し合える仲だった。大野は全力で池田を支えた。

その頃、大野の地元では、東京駅から新大阪駅を結ぶ東海道新幹線の間に作る岐阜羽島駅の建設問題が浮上していた。国鉄（日本国有鉄道）は当初、一九六四（昭和三九）年一〇月に開催される東京オリンピックに間に合わせるため名古屋駅から鈴鹿山脈を抜けるという最短のルートを計画した。しかし、そのためには一二キロメートルもの長大なトンネルを掘らなければならず、しかも、鈴鹿山脈は地質構造が劣悪なため工期が長くなる。そこで仕方なく関ケ原経由のルートに計画を変更した。

これに対し、岐阜県内では「岐阜、大垣という県二大都市を素通りするのは怪しからぬ」との不満が続出し、県境に「国鉄職員入るべからず」と書かれた看板が立てられる始末であった（『大野伴睦』）。だが、岐阜市や大垣市を迂回すれば、建設費用が一気に跳ね上がる。万策尽きた国鉄は大野に仲介を依頼することにした。

大野も「鉄道は都市のあるところにつけるのが常識。大垣、岐阜にまわすのが本当ではないか」と簡単に首を縦には振らなかった（「産経新聞」一九九四年六月九日朝刊）。このままでは東京オリンピックまでに開業できない。痺れを切らした国鉄総裁の十河信二《そごうしんじ》は大野に向かって、こう言い放った。

「岐阜県は大野領じゃないですか、平素の教育が良くないから、このような難局に立たされるのだ。岐阜、大垣へ迂廻すると、距離は伸び、時間がかかり、新幹線の根本をそこなうことになる。両市に近い地点を択び、便利な所に、駅を作ればよいではないか、現状では取りつく島がない。これでは全く処置に苦しむ。何とかして下さい」（『大野伴睦』）

十河の説明に大野も納得し、「それは尤《もっと》もだ。よし、自分が行って、知事や、県会議長に依頼し、何とかしよう」と応じた（同右書）。こうして、計画道路や既設道路の状況を考慮し、羽

岐阜羽島駅前に立つ大野夫妻の銅像（大野泰正事務所提供）

島市内に新駅を設置することになった。ところが、世間の風当たりは強かった。大野の圧力で無理に田んぼの真ん中に新駅を作らせたとのデマが広がり、「政治駅」と揶揄されるようになる（「朝日新聞」一九五九年一一月一九日朝刊）。しかし、大野は国鉄の顔を立て一言も弁解しようとはしなかった。

その後、岐阜羽島駅の誘致に尽力したとして、「大野伴睦先生銅像建設期成会」が結成され、地元の人々の寄付金により、妻・君子を従えた大野の銅像が建てられた。長崎平和公園に立つ「長崎平和祈念像」の制作者で知られる彫刻家の北村西望《きたむらせいぼう》の手によるものである。銅像の除幕式が行なわれた時、大野は故人となっていたものの、その塑像《そぞう》は目にすることができた。「日本広しといえどもめおと銅像で顕彰されるのはワシがはじめてじゃろう」と言いながら、頬をゆるませたという。（「読売新聞」一九六二年六月二三日朝刊）

嫌韓派から親韓派へ

当時、池田内閣は日韓国交正常化という難儀な外交課題を抱えていた。日韓間では、一九五一（昭和二六）年一〇月の予備会談を経て、翌年二月から交渉がスタートするも、「日帝三六年」が棘《とげ》となって膠着状態が続いていた。そんな中、微かな光が見えてきたのは、一九六一（昭和三六）年五月に軍事クーデターによって軍事政権を樹立した朴正熙《パクチョンヒ》が実権を握ってからであった。日本の陸軍士官学校に学んだ知日派である。この頃の韓国は、中国とソ連のバックアップによって経済建設を進めていた北朝鮮よりはるかに出遅れ、貧困問題に苦しんでいた。朴正熙は、これを解消するには日本からの資金提供が不可欠と考えていた。

この年の一一月、来日した朴正熙は池田と会談し、日韓国交正常化に向けた交渉を再開することで合意した。しかし、日韓国交正常化には大きな壁が立ちはだかっていた。嫌韓派の大野の存在である。そこで、説得にあたったのが児玉誉士夫であった。日韓国交正常化の必要性を説く児玉に、大野は青筋を立て、「君、よく聞けよ、僕のこの歯は前が全部入歯だが、これは誰の所為だと思う」と言って、人差し指を口元に当てながら話し始めた。

「終戦後、韓国人が日本でうんと暴れたんだ。そこで俺は国会で韓国人の取締りについて発言したんだ。ところが、それを恨まれ、名古屋の旅行先で若い多数の韓国人に突然部屋に暴れ込まれ、俺は殴られて歯を折られてしまったんだ。若い者が大勢で、この老人を殴ったんだよ。その俺が、今更なんで韓国の問題に協力せねばならんのだ」（『大野伴睦』）

一九四六（昭和二一）年七月に大野が行なった「国内治安維持に関する緊急質問」の中で「韓国人」とは言わないまでも、「非日本人の是が社会秩序の破壊行為は、恰《あたか》も平和なる牧場に虎狼の侵入せる感を禁じ難きものがある」と述べたことが原因で暴漢に襲われたのである。それに対し児玉は、大野の恨みは数本の歯にすぎないが、彼らにとって「日帝三六年」の恨みは数本の歯では比較にならないほど根深いものがあると言って反論し、これを説き伏せようとした。しばらくすると、児玉の熱意に動かされたのか、大野の顔は、だんだん神妙な面持ちへと変わっていった。そして、ついには胡坐《あぐら》から正座に座り直し、膝を手に置いて、食い入るような目で児玉を見詰めながら、こう応じたのである。

「児玉君、勘弁しろ、僕は少し間違っていた。日韓問題は大野伴睦が引受けたぞ」（同右書）

それから間もなく中央情報部長の金鍾泌《キムジョンピル》と外務大臣の大平正芳《おおひらまさよし》との間で交渉が始まった。最大の難問は対日請求権問題だった。この間、二人は激しい攻防を演じるも、一九六二（昭和三七）年一一月、無償三億ドル、有償二億ドル、民間借款一億ドル＋αの総額六億ドルを日本が提供することで妥結し、二人の間で金額が記されたメモが交わされた。これが、いわゆる「金・大平メモ」である。

その際、大野は、渡邉恒雄の紹介で来日中の金鍾泌と面会した。二人は意気投合し、大野は金鍾泌について「あれはいい男だ」と一目惚れしたという（『渡邉恒雄回顧録』）。この時、訪韓を促す金鍾泌の要請に応じ、一か月後、同じく渡邉のアテンドで大野は国交のなかった韓国へと飛び立った。

滞在中、「日帝三六年」に関する報道陣からの質問に大野が「日本が兄で韓国は弟の関係」と述べ、「あの禿山を全部緑にしたのは誰だと思っているんだ。日本だ」と答えたことが問題視され、卵を投げられるというハプニングも起こったが（『天運天職』）、最終的に朴正熙との会談が実現した。同行した渡邉は、こう証言する。

本当にびっくりすることが起きた。韓国の中央情報部が仕掛けたことなんだが、「今晩、大統領が大野先生とお会いします。そこには誰もついて来ないでください」という連絡が入り、立派な車が迎えに来て大野を乗せていってしまった。いつも、僕がついていたのに、大野さん一人で来いというわけ。ところが、次の日の朝まで帰ってこないんだよ。僕ももすごく心配した。なんと言っても、韓国に行くことを仕掛けたのは僕だから、責任がある。万が一のことがあったら大変だと思っていると、なんと朝の六時ごろ、大野さんが帰ってきた、「どうしたんですか」と聞くと、迎えの立派な車に乗って米軍基地まで行き、ジープに乗り換えて外に出て、立派な料亭に着くと、そこに朴大統領がいたという。飲んで食った後、「大野先生、今日はいっしょに寝ましょう」と大統領に言われた、これで大野さんは朴正煕大統領に惚れ込むことになる。（同右書）

嫌韓派だった大野は一変、親韓派となった。それからしばらくして、大野を襲撃した男性が大野邸にやって来た。「実は先生にあの時のことをお詫びに参りました。若気の至りでバカなことをしました。三年の刑に服し、出てきて、今は植木屋をやっております」と述べ、頭を下げた（同右書）。人情家の大野は感極まり涙を浮かべながら彼を招き入れたという。

一九六五（昭和四〇）年六月、日韓基本条約が締結され、大野の目指した日韓国交正常化が実現した。大野の死去から一年後のことだった。

日本横断運河

その頃、日韓国交正常化と併せて大野は「日本横断運河」建設実現に情熱を傾けた。伊勢湾から琵琶湖を経て敦賀湾まで約一〇八キロメートルを結ぶ運河を建設するという壮大なビジョンである。この計画を三重県四日市市長の平田佐矩《ひらたすけのり》から聞かされた大野は、大きな衝撃を受け、心を揺さぶられた。

本州の真ん中に、中部地方の南北交通として太平洋から日本海までの間を三万トン級の巨船が通れるほどの巨大な運河を造り、東日本と西日本を真っ二つに割る。それができれば、太平洋側に比べて開発が遅れていた日本海側が臨海工業地帯と化し、運河沿岸の内陸部も潤う。

この計画は、平安末期に平清盛《たいらのきよもり》が越中米を京の都に運ぶため、敦賀湾から琵琶湖へ出る運河を建設すべく、長男の重盛《しげもり》に命じて造らせようとしたのが最初らしい。その後、豊臣秀吉《とよとみひでよし》が安土桃山中期に同じような計画を立て着工に漕ぎ着けるも、朝鮮出兵（文禄・慶長の役）で頓挫したと伝えられている。

大野は、これを夢物語に終わらせてはならないとして、一九六二（昭和三七）年八月、関係五県（愛知県、岐阜県、滋賀県、福井県、三重県）から選出されている自民党の国会議員を集め、自ら会長となって「日本横断運河建設促進議員連盟」を発足させた。結成に際し、大野は次のように訴えた。

「平清盛、豊臣秀吉もこの夢を抱きながら果せなかった。これは世紀の大事業である。しかし、近代技術の進歩によっていまや大和級の戦艦三隻分の工費でこの運河は完成するのだ。われわれの力でぜひともやりとげようではないか」（『日本横断運河』）

続いて、同じく大野を会長に「日本横断運河建設促進期成同盟会」が関係五県の知事、関係六市（名古屋市、大垣市、長浜市、敦賀市、桑名市、四日市市）の市長を中心に旗揚げされた。国会議事堂近くに、この二つの本部事務局を置き、専従のスタッフまで雇って、計画はスタートした。これには池田はもちろん、建設大臣の河野一郎も全面協力した。その結果、建設省が一〇〇〇万円、運輸省が一〇〇〇万円、経済企画庁が五〇〇〇万円と、それぞれ一九六三（昭和三八）年度の調査予算を計上した。大野は、単に関係五県六市に限ったものではなく、国家的事業に格上げしようと考えたのである。

一九六三（昭和三八）年二月、大野は総勢約五〇人を引き連れ、建設予定地の現場視察に訪れた。仮に造るとなると、約三五〇〇億円もの大金を注ぎ込む空前の大型プロジェクトとなる。現地での記者会見で大野は「小規模なものをつくって後に悔いを残さぬよう三万トン運河でやる考えで、ぜひこの仕事はやり遂げたい」と意欲を見せた。（「朝日新聞」一九六三年二月二四日朝刊）

一一月、大野にとって生前最後となる衆議院議員選挙が行なわれた。この選挙で大野は公約として、日本横断運河建設実現を掲げ、選挙公報にも「海なき岐阜に、海を通すという国家の大事業である。当選一二回、三〇年におよぶ政治生命をかけて、この大構想実現に努力する決意であり、よろしく御支援を懇願する次第である」と記した。（『岐阜県選挙記録』）

結局、この構想は大野の死去によって幻と消えた。しかし、構想自体は極めてユニークで、今日においても十分に検討する価値があろう。

巨星墜つ

入院

一九六三（昭和三八）年一二月一五日、大野が肉親のように可愛がってきたプロレスラーの力道山が、ナイトクラブで暴漢に右腹部を刺されたことが原因で、腹膜炎による腸閉塞を起こし、三九歳で帰らぬ人となった。スーパーヒーローだっただけに日本中が悲しみに暮れた。

その年の一月、力道山は韓国文教部からの招聘により極秘訪韓した。どこへ行っても国賓待遇の歓待ぶりで、中央情報部長の金鍾泌をはじめとする政権中枢の面々と会談を重ねた。さらに、ソウル市から名誉市民の称号を授与され、板門店にまで足を運んで、故国である北朝鮮に向かって雄叫びを上げ、長兄の金恒洛《キムハンラク》を思い「兄さん！（ヒョンニーム）」と叫んだという。

（『夫・力道山の慟哭』）

この訪韓は、もともと大野からの要請を受けてのものだった。「韓国では政治的な話は公にはほとんど出なかった」というが（同右書）、日韓国交正常化に向けた地固めの意味合いもあったと思われる。

奇しくも大野は、一三日から二四日までの日程で、政府特使として朴正煕の大統領就任式に出席するため訪韓中だった。二〇日に池上本門寺で行なわれた力道山の葬儀・告別式は、名目上、大野が葬儀委員長となり、児玉誉士夫が代理を務めた。当日はスポーツ界や興行界はもちろん、河野一郎、正力松太郎をはじめとする多くの国会議員、芸能界からは田宮二郎《たみやじろう》、伴淳三郎《ばんじゅんさぶろう》、美空《みそら》ひばりといった著名人が顔を揃え、ファンを含む約一万二〇〇〇人が力道山との別れを惜しんだ。

帰国した大野は、長旅の疲れに加え、力道山の急逝というショックもあって、しばらくの間、虚脱感にさいなまれるが、年末年始に入ると気を取り直し、豪放磊落な毎日を送った。ところが、一九六四(昭和三九)年三月一〇日夕刻、突然、脳血栓で倒れてしまう。幸い大事には至らなかったが、全快までには時間を要するとの診断を受けて、当分の間、慶應義塾大学病院に入院することとなった。

その後、容態は順調に回復していった。入院から三週間目に入ると、主治医から「食欲を起こすため、ビールを一杯くらい飲ませてもよい」との許可が出た(「亡き先生を偲びて」)。大野は大喜びで、こんな一句を作った。


日に滲みるビールの泡や芝青む(『大野万木句集』)

やがて、面会謝絶も解けた。さすがに長期の入院生活は退屈で仕方ない。そんな中、こまどり姉妹が見舞いにやって来た。二人は大野の両足を二時間もマッサージし、レコードを流して一緒に歌を唄い、ひさしぶりに穏やかで楽しい一時を過ごした。

こまどりの歌声のどか霧晴るる（同右書）

ところが、この頃から徐々に食欲が減退し始め、さらに神経が昂《たか》ぶり苛立つことも多くなっていった。主治医は鎮静剤を投与した。しかし、これが効き過ぎ、激しい睡魔に襲われ、ベッドに横たわる日々が続いた。その後、栄養剤を注入するも効果はなく、逆に一回一時間以上を要する点滴が大野には堪《こた》えたようで身体は衰える一方だった。

伴睦死すとも

五月二九日、その日は訪れた。前日には日本横断運河建設実現への意欲を見せていた大野だったが、午前八時三〇分頃、深い眠りから覚めると、三回ほど大きく深呼吸し、右手を胸に当て「苦しい…」と声を上げ、「あとを…」と呟いた後、そのまま意識不明となった（「亡き先生を偲びて」）。大野派の中村幸八《なかむらこうはち》は、その時の様子について次のように述べている。

私は早々と家を出たが、病院のエレベーターを出て、いつものようにゆっくりと廊下を歩いて行くと、廊下のつきあたりの病室の前で、秘書が私を激しく呼ぶばかりか、両手をあげて「先生、早く早く！」と血相を変えて叫ぶので、慌てて走って行った。その時、医者は先生に酸素吸入をかけながら、一生懸命お腹をさすり、人工呼吸をやっていたが、「どうもまずいようです」と最後に一言いった。（同右書）

大野の勧めで国政に転じたばかりの中川一郎や、大野派の番頭役である村上勇といった愛弟子たちが、祈るような眼差しで大野を見守った。そして九時三〇分、静かに天国へと旅立っていった。享年七三だった。「あとを…」に続く言葉とは何だったのか。二日前、大野は自らの死期が迫っていることを察したのだろう。こんな一句を残している。

日の本の政に明け暮れ七十年（「読売新聞」一九六四年五月二九日夕刊）

長い闘病生活の疲れも見せず、大野の表情は実に安らかで唇を真一文字に結んでいた。遺体は私邸に移された。遺体と対面した池田勇人は、枕元で見守る君子に「大野先生にはつね日ごろかげになり日なたになって助けていただいておりました」と語り、声を詰まらせた。（「読売

新聞」一九六四年五月三〇日朝刊）

その後、大野の遺体は、江戸消防記念会、関東鳶職連合会の木遣りに送られ自宅を出て火葬され、三一日、大野邸にて密葬が執り行なわれた。続いて六月一日に通夜、翌日には本葬が自民党葬として築地本願寺で営まれた。葬儀委員長は池田が務め、元首相の吉田茂をはじめ約二万人が参列した。戒名は「大震院殿従容日睦大居士」となった。

一四日、今度は岐阜市民センターにて県民葬が行なわれ、衆議院議長の船田中、官房長官の黒金泰美、地元政財界の大物や一般の会葬者合わせて約三〇〇〇人が出席した。実家近くの谷合公民館にも遺骨が安置され、近隣住民の焼香の列が続いた。人々の心に深く入り込み、人々と語り合い、人々の声を国政に届け、人々に愛されてきた大衆政治家の最後を飾るに相応しい盛儀であった。

それから半年後の一一月二四日には、大野と同じ岐阜一区の三田村武夫が胃癌のため逝去し、欠員二人となり、一二月二七日に補欠選挙が施行されることとなった。候補者は六人で、大野の後継として四男・明が唯一の自民党公認で出馬することを決めた。鉄の結束を誇る大野の地元後援会「睦友会」は「伴睦死すとも睦友死せず」として、明を全面支援し、力戦奮闘の末、トップ当選を果たした。大野は晩年、「俺は衆議院を引退して四男明に譲り、自分は参議院の全国区で百五十万票最高点当選が今後の念願だ」と漏らしていたという。（『大野伴睦』）

大野は今、池上本門寺内の墓地に眠っている。近くには親交のあった河野、児玉、永田雅一、萩原吉太郎、力道山の墓所もある。さらに、出生地である岐阜県山県市谷合（旧山県郡谷合村）の天鷹神社のかたわらにも分骨した遺骨が埋葬され、墓石には「大野伴睦ここに眠る」と刻まれている。

「虎は死して皮を留め人は死して名を残す」と言われる。大野伴睦の存在は、その数々の人間味溢れるエピソードとともに末永く後世に伝わっていくだろう。

睦友会は一致団結して大野後継に四男・明を推挙（大野泰正事務所提供）

おわりに

戦後日本政治史を専門領域とする筆者にとって、大野伴睦は以前から気になる人物であり、本書の構想自体は、もう何年も前から練ってはきたが、忙しさにかまけて宙ぶらりんの状態にあった。本腰を入れて大野研究を始めたのは二〇一九（令和元）年九月初旬からである。

東京プリンスホテルで開かれる会合に向かう途中、少しばかり時間があったので隣接する芝公園へと向かった。清々しい気分で歩を進めていたところ、たまたま芝丸山古墳の一角に建つ虎の石像が目に入った。近寄ってみると、直方体の台座に「鐘がなる春のあけぼの、増上寺」との俳句が刻まれている。作者名には「大野伴睦」とあった。

これが筆者の意欲を再び突き動かすきっかけとなった。翌日から早速、中途半端なままになっていた資料収集を再開し、インタビューや現場取材もスタートさせた。のちに、この句碑は、大野の死後、日本全調理師連盟、全国調理師紹介所連盟によって建てられたものであることも分かった。

大野と日本全調理師連盟、全国調理師紹介所連盟との関わりは、調理師法制定時にさかのぼる。一九五八（昭和三三）年四月二五日早朝、大野は、当時、衆議院社会労働委員会の理事を務めていた後の厚生大臣・田中正巳を呼び出した。この日は衆議院解散当日でもあった。

「田中君、頼みがある。わしの友人から陳情をうけたのだが、君の委員会に調理師法案というのがかかっているらしいが、ご案内の通り今夜衆議院は解散じゃ。そこで大変だと思うが野党にも話をつけ今日中に委員会を議了して本会議にかけてくれ、本会議の方はそれが通ってから解散になるように手くばりをするから、何とか頼む」（『福祉と厚生』）

この法律は議員立法で、しかも参議院で先に可決された「参議院先議法案」だった。所掌の衆議院社会労働委員会に回って来るも、内閣提出の重要法案が山積しており、そのまま棚ざらしになっていた。しかし、自民党副総裁の大野からの要請とあらば、放っておくわけにもいかない。田中は急きょ根回しをし、全会一致で委員会可決、本会議に移して、調理師法案を成立

芝公園の句碑（筆者撮影）

させた後、衆議院解散と相成った。まさに滑り込みセーフである。田中の対応はもちろん、大野の職人芸ともいえるスピーディーな「陳情処理技術」には驚くばかりである。

それにしても、大野の代名詞ともいえる義理人情とは何なのか。果たして、それは政治家にとって必要なものなのか。言うまでもなく、政策判断が義理人情によって左右されることは批判されるべきであろう。あるいは、これを古色蒼然なものと見なし切り捨てることは簡単である。しかしながら、そもそも政治運営は生身の人間によって成されるものであって、感情を排することは不可能である。

大野の宿敵だった三木武吉も、「政治家の行動を支配する動機」として「第一に理論、第二にそろばん、第三が人情と極言してもよい」と述べている（「吉田を詰める王手飛車」）。「人情」よりも、理念や信条といった「理論」、権力欲や利権といった「そろばん」を上位に置いてはいるものの、権謀術数の限りを尽くした三木でさえも、「政治家の行動を支配する動機」として「人情」を挙げていることは興味深い。大野は言う。

しょせん政治は人間を相手にしたものだから「人」の問題がつねに中心となるのは当り前といってよい。評論家の中には、これを「後向きの政治」とかいって非難するが、彼らの言う「政策第一」も、人あっての政策なので、政治から人の問題を取り除こうというのは無理である。（『大野伴睦回想録』）

本書が完成するまでには多くの方々からのご支援、ご協力を賜わった。何より監修者の大野つや子先生、泰正先生なくしては、本書は誕生しなかった。お二人には、伴睦翁に加え、明先生に関するエピソードも、ざっくばらんに語っていただいた。さらに資料提供をはじめ、本書の草稿にもお目通しいただき、的確なアドバイスを頂戴した。衷心より感謝申し上げたい。

ただ、大変残念なことに、二〇二一（令和三）年一月二六日、本書の刊行を待たずして、つや子先生が八六歳にて泉下の客となられた。痛恨の極みである。先生のご冥福をお祈りするとともに、謹んで本書をご霊前に捧げたい。

大野泰正事務所の岩田佳子氏には資料収集を中心に多大なるご尽力いただいた。深甚なる謝意を表したい。泰正先生をご紹介下さった参議院議員の高橋克法先生にもお礼申し上げる。

有形無形のお力添えを賜わった小枝義人（千葉科学大学）、岸本昌也（武蔵大学）、網野辰男（高橋克法事務所）、北村翔（自民党本部）、片桐義雄（高輪共和会）の諸先生・諸氏、本書を丹念に仕上げて下さった並木書房編集部にも感謝申し上げる次第である。本来であれば、ほかにもお名前を挙げなければならない方々が大勢いるが、紙幅の都合により、それが叶わなかった。どうかご容赦いただきたい。

最後になるが、家庭を犠牲にして研究に没頭する筆者を辛抱強く支え、時に取材にまで付き合ってくれた妻・紀子と息子・航大、さらに今日に至るまで最大限の支援をしてくれた両親、家族にお礼を言いたい。

今後も、皆様からの叱咤激励を糧にして、新たな研究課題に取り組んでいきたいと思う。

二〇二一（令和三）年四月一一日

茗荷谷の研究室にて
丹羽 文生

大野伴睦略年譜

西暦（年号）	大野関連事項	国内外の主な出来事
一八九〇（明治二三）年	九月二〇日、岐阜県山県郡谷合村に生まれる	帝国議会開設
一九〇五（明治三八）年	谷合高等小学校卒業	ポーツマス条約締結
一九〇八（明治四一）年	上京	第二次桂太郎内閣発足
一九一〇（明治四三）年	明治大学専門部法科入学	韓国併合 立憲政友会結成
一九一一（明治四四）年	急性盲腸炎を患い休学、帰郷	辛亥革命
一九一二（明治四五）年	再上京	明治天皇崩御 第一次憲政擁護運動
一九一三（大正二）年	憲政擁護運動に参加し騒擾罪容疑で逮捕 明治大学から退学処分を受け立憲政友会院外団入り	第一次山本権兵衛内閣発足
一九一五（大正四）年	加藤外交を糾弾する熱弁を振るい治安警察法違反容疑で逮捕	対支二一カ条要求提出
一九一八（大正七）年	貴族院交友倶楽部書記長に就任	原敬内閣発足
一九一九（大正八）年	海老名君子と結婚	ヴェルサイユ条約締結

一九二〇（大正九）年	長男・直誕生	国際連盟発足
一九二二（大正一一）年	東京市会議員選挙に当選	加藤友三郎内閣発足
一九二三（大正一二）年	次男・成生誕生	関東大震災発生 第二次山本内閣発足 虎ノ門事件
一九二四（大正一三）年	衆議院議員選挙で落選	政友会床次派が政友本党結成 清浦奎吾内閣発足 第二次憲政擁護運動 加藤高明内閣発足
一九二六（大正一五）年	東京市会議員選挙で落選 三男・伴雄誕生 東京市名誉職員勤労表彰規定により「終身現任市会議員ト同様ノ待遇」を受く	第一次若槻礼次郎内閣発足 大正天皇崩御
一九二八（昭和三）年	衆議院議員選挙で落選 四男・明誕生	張作霖爆殺事件
一九二九（昭和四）年	父・直太郎逝去（享年六六）	浜口雄幸内閣発足
一九三〇（昭和五）年	衆議院議員に初当選	金解禁実施 ロンドン海軍軍縮条約調印
一九三二（昭和七）年	衆議院議員に再選	満洲国建国宣言 五・一五事件 斎藤実内閣発足

一九三六（昭和一一）年	衆議院議員に三選	二・二六事件 広田弘毅内閣発足
一九三七（昭和一二）年	衆議院議員に四選	林銑十郎内閣発足 第一次近衛文麿内閣発足 盧溝橋事件
一九四二（昭和一七）年	衆議院議員選挙（翼賛選挙）で落選	翼賛政治会結成
一九四五（昭和二〇）年	日本自由党結成に参加	ポツダム宣言受諾 東久邇宮稔彦王内閣発足 幣原喜重郎内閣発足 日本社会党結成 日本自由党結成 日本進歩党結成 日本協同党結成
一九四六（昭和二一）年	衆議院議員に五選 日本自由党総務に就任 内務政務次官に就任 日本自由党幹事長に就任	第一次吉田茂内閣発足 日本協同党、日向民主党、日本農本党が合同し協同民主党結成 中国で国共内戦勃発 国民党結成 日本国憲法公布
一九四七（昭和二二）年	衆議院議員に六選 日本自由党幹事長に再任	協同民主党と国民党が国民協同党結成 日本進歩党と日本自由党芦田派が民主党結成

		日本国憲法施行 片山哲内閣発足
一九四八（昭和二三）年	民主自由党顧問に就任 昭和電工事件の収賄容疑で逮捕	ガンジー暗殺事件 芦田均内閣発足 自由党と民主党幣原派が民主自由党結成 第二次吉田内閣発足 労働者農民党結成
一九四九（昭和二四）年	衆議院議員に七選 衆議院商工委員長に就任 衆議院通商産業委員長に就任	民主党分裂 第三次吉田内閣発足 下山事件 三鷹事件 松川事件 農民協同党結成
一九五〇（昭和二五）年	自由党顧問に就任	社会党分裂 民主自由党と民主党連立派が自由党結成 社会党統一 国民協同党と民主党野党派が国民民主党を結成 朝鮮戦争勃発
一九五一（昭和二六）年	昭和電工事件の無罪が確定	サンフランシスコ講和条約調印 日米安保条約調印 社会党再分裂

一九五二（昭和二七）年	衆議院議長に就任 衆議院議員に八選 衆議院議長に再任	国民民主党、新政クラブ、農民協党が合同し改進党結成 サンフランシスコ講和条約発効 第四次吉田内閣発足
一九五三（昭和二八）年	衆議院議員に九選 国務大臣に就任	分党派自由党結成 第五次吉田内閣発足 分党派自由党が解散し二三人が自由党復党、八人は日本自由党結成
一九五四（昭和二九）年	北海道開発庁長官に就任 自由党総務会長に就任 自由党総務会長に再任	自由党鳩山派、改進党、日本自由党が合同し日本民主党結成 第一次鳩山一郎内閣発足
一九五五（昭和三〇）年	衆議院議員に一〇選 自由党総務会長に就任（三回目） 保守合同に伴い自民党総裁代行委員に就任	第二次鳩山内閣発足 社会党再統一 日本民主党と自由党の保守合同で自由民主党結成
		第三次鳩山内閣発足
一九五六（昭和三一）年	母・国枝逝去（享年九一）	日ソ国交回復 日本、国連加盟 石橋湛山内閣発足

一九五七（昭和三二）年	自民党顧問に就任 自民党副総裁に就任 マラヤ連邦独立記念式典に首相特使として参列	第一次岸信介内閣発足 日本、国連安全保障理事会非常任理事国に初選出
一九五八（昭和三三）年	衆議院議員に一一選 自民党副総裁に再任	第二次岸内閣発足
一九五九（昭和三四）年	衆議院より永年在職議員表彰を受く 自民党副総裁に就任（三回目）	皇太子明仁親王殿下御成婚
一九六〇（昭和三五）年	自民党顧問に就任（二回目） 衆議院議員に一二選	社会党西尾派と河上派が民主社会党結成 日米安保条約改定 第一次池田勇人内閣発足 浅沼稲次郎刺殺事件 第二次池田内閣発足
一九六一（昭和三六）年	自民党副総裁に就任（四回目）	ベルリンの壁着工
一九六二（昭和三七）年	自民党副総裁に就任（五回目）	キューバ危機
一九六三（昭和三八）年	自民党副総裁に就任（六回目） 衆議院議員に一三選 韓国大統領就任式に政府特使として参列	ケネディ大統領暗殺事件 第三次池田内閣発足
一九六四（昭和三九）年	五月二九日、逝去（享年七三） 従二位勲一等旭日桐花大綬章受章	東京オリンピック開催

参考・引用文献一覧

朝日新聞名古屋社会部編『戦争の時代―五〇年目の記憶』上（朝日新聞社、一九九五年）
安達謙蔵『安達謙蔵自叙伝』（新樹社、一九六〇年）
阿部真之助『現代政治家論』（文藝春秋新社、一九五四年）
安藤俊裕『政客列伝』（日本経済新聞出版、二〇一三年）
安藤正純『講和を前にして』（経済往来社、一九五一年）
池田直隆『日米関係と「二つの中国」―池田・佐藤・田中内閣期』（木鐸社、二〇〇四年）
石川真澄『戦後政治史』（岩波書店、一九九五年）
石田博英『石橋政権・七十一日』（行政問題研究所出版局、一九八五年）
石田博英『私の政界昭和史―博英回想』（東洋経済新報社、一九八六年）
伊藤之雄『大正デモクラシーと政党政治』（山川出版社、一九八七年）
今井久夫『反骨の宰相候補―中川一郎』（経済往来社、一九七九年）
鵜崎熊吉『犬養毅伝』（誠文堂、一九三二年）
牛島秀彦『もう一つの昭和史1―深層海流の男・力道山』（毎日新聞社、一九七八年）
遠藤浩一『戦後政治史論―窯変する保守政治一九四五～一九五二』（勁草書房、二〇一二年）
扇谷正造編『おふくろの味』（春陽堂書店、一九五七年）
大野伴睦「俳句と私」『小説公園』一九五二年六月号（六興出版社、一九五二年）
大野伴睦『伴睦放談』（金融界社、一九五二年）
大野伴睦『大野伴睦回想録』（弘文堂、一九六二年）

大野伴睦先生追想録刊行会編集委員編『大野伴睦―小伝と追想記』（大野伴睦先生追想録刊行会、一九七〇年）
「大野伴睦氏の母堂御葬儀―郷里岐阜で盛大に挙行」『経済時代』一九五六年六月号（経済時代社、一九五六年）
岡崎久彦『幣原喜重郎とその時代』（ＰＨＰ研究所、二〇〇〇年）
岡田貞寛編『岡田啓介回顧録』（毎日新聞社、一九七七年）
奥健太郎『昭和戦前期立憲政友会の研究―党内派閥の分析を中心に』（慶應義塾大学出版会、二〇〇四年）
尾崎行雄『民権闘争七十年』（読売新聞社、一九五二年）
片山哲『回顧と展望』（福村出版、一九七一年）
岸信介『岸信介回顧録―保守合同と安保改定』（廣済堂出版、一九八三年）
岸本弘一『一誠の道―保利茂と戦後政治』（毎日新聞社、一九八一年）
岸本弘一『国会議事堂は何を見たか―議会政治・激動の半世紀』（ＰＨＰ研究所、一九八六年）
岸本弘一『政界ライバル物語―明治・大正・昭和の政治と政治家』（行研出版局、一九九三年）
北岡伸一『日本の近代5―政党から軍部へ一九二四～一九四一』（中央公論新社、一九九九年）
賀屋興宣『戦前・戦後八十年』（浪曼、一九七六年）
清宮龍『素顔の首相と大物政治家―戦後編』（善本社、二〇一〇年）
岐阜県選挙管理委員会編『岐阜県選挙記録―昭和三二～四二年版』（岐阜県選挙管理委員会、一九六七年）
楠精一郎『大政翼賛会に抗した四〇人―自民党源流の代議士たち』（朝日新聞社、二〇〇六年）
桑野正光『栃木の峠―峠でたどる暮らしと文化』（随想舎、二〇一〇年）
河野一郎『今だから話そう』（春陽堂書店、一九五八年）
国政一新会編『国政一新論叢』第一輯（国政一新会、一九三五年）
児玉誉士夫『悪政・銃声・乱世―風雲四十年の記録』（弘文堂、一九六一年）
小山俊樹『評伝森恪―日中対立の焦点』（ウェッジ、二〇一七年）

櫻井良樹『加藤高明―主義主張を枉ぐるな』（ミネルヴァ書房、二〇一三年）
佐藤一『富有集―昭和濃飛県人誌』（新小説社、一九五七年）
瀧澤中『日本人の心を動かした政治家の名セリフ』（青春出版社、二〇〇六年）
重盛久治『三木武吉太閤記』（春陽堂書店、一九五六年）
自由民主党編『自由民主党党史―党史編』（自由民主党、一九八七年）
尚友倶楽部、西尾林太郎編『水野錬太郎回顧録・関係文書』、山川出版社、一九九九年）
新潮社辞典編集部編『新潮日本人名辞典』（新潮社、一九九一年）
季武嘉也、武田知己編『日本政党史』（吉川弘文館、二〇一一年）
武見太郎『戦前戦中戦後』（講談社、一九八二年）
田鶴浜弘『日本プロレス三〇年史』（日本テレビ放送網、一九八四年）
田中敬子『夫・力道山の慟哭―没後四〇年未亡人が初めて明かす衝撃秘話』（双葉社、二〇〇三年）
田中正巳『福祉と厚生―霞が関物語』（福祉新聞社、一九八〇年）
千葉功『桂太郎―外に帝国主義、内に立憲主義』（中央公論新社、二〇一二年）
東京市編『東京市例規類集』（東京市役所、一九二二年）
徳富猪一郎編『公爵桂太郎伝』坤巻（故桂公爵記念事業会、一九一七年）
冨森叡児『戦後保守党史』（日本評論社、一九七七年）
外山滋比古『ユーモアのレッスン』（中央公論新社、二〇〇三年）
豊島典雄『戦後日本政治史』上（ジュピター出版、二〇〇〇年）
中正雄『回想の戦後政治』（実業之世界社、一九五七年）
中村幸八「亡き先生を偲びて」『経済時代』一九六四年七月号（経済時代社、一九六四年）
奈良岡聰智『対華二十一ヵ条要求とは何だったのか―第一次世界大戦と日中対立の原点』（名古屋大学出版会、二〇一五年）

西尾末広『西尾末広の政治覚書』（毎日新聞社、一九六八年）
日本横断運河建設促進期成同盟会事務局編『日本横断運河』（日本横断運河建設促進期成同盟会、一九六三年）
日本消防協会百周年記念事業常任委員会編『日本消防百年史』第三巻（日本消防協会、一九八四年）
日本政党史編纂会編『日本政党史』（日本政党史編纂会、一九六一年）
橋本花風、依岡秋灯編『大野万木句集』（大野伴睦記念会、一九六六年）
波多野勝『浜口雄幸―政党政治の試験時代』（中央公論社、一九九三年）
鳩山一郎『鳩山一郎回顧録』（文藝春秋新社、一九五七年）
馬頭町史編さん委員会編『馬頭町史』（馬頭町、一九九〇年）
原彬久『戦後史のなかの日本社会党―その理想主義とは何であったのか』（中央公論新社、二〇〇〇年）
原彬久編『岸信介証言録』（毎日新聞社、二〇〇三年）
藤山愛一郎『政治わが道―藤山愛一郎回想録』（朝日新聞社、一九七六年）
北國新聞社編集局編『戦後政治への証言―益谷秀次とその周辺』（北國新聞社、一九七四年）
保利茂『戦後政治の覚書』（毎日新聞社、一九七五年）
升味準之助『日本政党史論』第六巻（東京大学出版会、一九八〇年）
升味準之助『日本政治史2―藩閥支配、政党政治』（東京大学出版会、一九八八年）
松田ふみ『夫婦の愛情に関する三十八章』（文陽社、出版年不明）
摩天楼・斜塔『院外団手記―政党改革の急所』（時潮社、一九三五年）
三木武吉「吉田を詰める王手飛車―政界将棋の裏おもて」『文藝春秋』一九五四年七月号（文藝春秋新社、一九五四年）
御手洗辰雄『三木武吉伝』（四季社、一九五八年）
峯村三郎「最後の浪曲的政治家―大野伴睦」『社会人』一九六〇年二月号（社会人社、一九六〇年）
宮前敦「日本国の参謀―戦後日本を築いたもう一人の政治家③義と情の党人・大野伴睦（1）気骨貫き大衆とともに」

『月刊自由民主』二〇〇七年七月号（自由民主党、二〇〇七年）
三好徹『評伝緒方竹虎—激動の昭和を生きた保守政治家』（岩波書店、一九八八年）
茗荷房吉『日本政党の現勢』（日本評論社、一九二九年）
山口喜久一郎『私の履歴書』（日本経済新聞社、一九六九年）
山本四郎『大正政変の基礎的研究』（御茶の水書房、一九七〇年）
吉田茂『回想十年』第一巻（新潮社、一九五七年）
吉田茂『回想十年』第二巻（新潮社、一九五七年）
吉田茂『回想十年』第三巻（新潮社、一九五七年）
読売新聞福井支局編『芦原温泉ものがたり—泣き笑い九十年湯の町繁盛記』（旅行読売出版社、一九七三年）
劉寒吉編『聞書小林徳一郎翁伝』（小林徳一郎翁顕彰会、一九六二年）
渡辺恒雄『派閥—保守党の解剖』（弘文堂、一九五八年）
渡邉恒雄『派閥と多党化時代—政治の密室』増補新版（雪華社、一九六七年）
渡邉恒雄『天運天職—戦後政治の裏面史、半生、巨人軍を明かす』（光文社、一九九九年）
渡邉恒雄『渡邉恒雄回顧録』（中央公論新社、二〇〇〇年）
David R. Mayhew, *Congress: The Electoral Connection* (New Haven, Connecticut: Yale University Press, 1974)

丹羽文生（にわ・ふみお）
1979（昭和54）年、石川県生まれ。東海大学大学院政治学研究科博士課程後期単位取得満期退学。博士（安全保障）。拓殖大学海外事情研究所助教、准教授を経て、2020（令和2）年から教授。海外事情研究所附属台湾研究センター長、大学院地方政治行政研究科教授。この間、東北福祉大学、青山学院大学、高崎経済大学等で非常勤講師。岐阜女子大学特別客員教授。著書に『「日中問題」という「国内問題」：戦後日本外交と中国・台湾』（一藝社）等多数。

評伝《ひょうでん》 大野伴睦《おおのばんぼく》
―自民党を作った大衆政治家―

2021年5月29日　1刷
2021年6月5日　2刷

監修者　大野つや子
　　　　大野泰正
著　者　丹羽文生
発行者　奈須田若仁
発行所　並木書房
〒170-0002 東京都豊島区巣鴨2-4-2-501
電話(03)6903-4366　fax(03)6903-4368
www.namiki-shobo.co.jp
印刷製本　モリモト印刷

ISBN978-4-89063-407-1